Sabine Herold
VOM SANDKORN ZUR PERLE

SABINE HEROLD

Vom Sandkorn zur Perle

Wie aus Verletzungen Segen erwachsen kann

francke

Über die Autorin:
Sabine Herold ist verheiratet, hat 3 Kinder und wohnt im Kanton Solothurn in der Schweiz. Sie ist reformierte Pfarrerin und referiert bei Frauenfrühstückstreffen.

Bibliografische Information Der Deutschen Bibliothek
Die Deutsche Bibliothek verzeichnet diese Publikation in der Deutschen Nationalbibliografie; detaillierte bibliografische Daten sind im Internet über http://dnb.ddb.de abrufbar.

ISBN 978-3-86827-342-7
© 2012 by Verlag der Francke-Buchhandlung GmbH
35037 Marburg an der Lahn
Umschlagbild: © fotolia.de / silvae
Umschlaggestaltung: Verlag der Francke-Buchhandlung GmbH/
Sven Gerhardt
Satz: Verlag der Francke-Buchhandlung GmbH
Druck und Bindung: CPI Moravia Books, Korneuburg

www.francke-buch.de

Inhaltsverzeichnis

Vorwort

Sand im Getriebe
meines Lebens

Sandkörner gibt es genügend in unserem Leben – wie Sand am Meer. Manches Sandkorn, und sei es noch so klein, kann schlimme Entzündungen und Schmerzen hervorrufen. Sand im Getriebe kann jede Maschine untauglich machen. So gibt es selbst winzige Sandkörner, die das Leben lähmen, die quälen und zerstören.

In meinem eigenen Leben und in meiner Tätigkeit als Pfarrerin sind mir schon viele solcher Schmerzpunkte bzw. Sandkörner begegnet – eines spitzer, schärfer, verletzender, kantiger, schwerer als das andere. So viel Leid, so viel Schmerz, so viele Tränen – und so viel Bitterkeit und unterdrückte Wut.

Muss das sein?

Es ist alles andere als einfach, sich den eigenen „Sandkörnern" im Leben zu stellen, genau hinzusehen und sie wahr-zu-nehmen, d.h. für wahr zu nehmen. Noch schwieriger ist es, den damit verbundenen Schmerz zuzulassen, auszuhalten und sich auf den Weg der Heilung zu machen.

Ist dies überhaupt möglich? Gibt es tatsächlich Heilung?

Die Perlmuschel gibt uns ein wunderbares Beispiel, wie aus einem schmerzenden, zerstörerischen, bedrohlichen Fremdkörper eine kostbare Perle entstehen kann. Mit den ihr geschenkten Ressourcen – ihrem eigenen Perlmutt – legt sie Schicht für Schicht um das Sandkorn bzw. den „Feind" und lässt Neues werden – manchmal sogar unbezahlbare Werte und Kostbarkeiten – eine einzigartige Perle.

Als ich im Alter von 15 Jahren als magersüchtiges Wrack beim Langstreckenlauf zusammenbrach, ging für mich meine persönliche Welt unter. Zum ersten Mal in meinem Leben hatte ich mich nicht mehr unter Kontrolle, hatte jämmerlich versagt. Von diesem Moment an kam meine ganze Zerbrechlichkeit und Schwachheit, meine Ängste und Empfindungen von Sinnlosigkeit an die Oberfläche. Die Fassade bröckelte, meine Maske fiel. Ich konnte nicht mehr, ich wollte nicht mehr.

Ich war mir selbst zum Sandkorn geworden, und das schmerzte sehr.

Wie sollte ein normales Leben wieder möglich sein? Was war überhaupt normal? Wie konnte mein Leben so gelingen, dass ich es auch wirklich lebte und nicht nur *über*lebte?

Meine Essstörung war monatelang der Mittelpunkt in meinem Leben gewesen, um den mein Alltag kreiste. Was würde nun an diese Stelle treten? Was würde meine Leere ausfüllen, wenn es nicht mehr die Magersucht war? Ich steckte in vielen Zwängen, Ängsten und Problemen fest. Die Angst vor Fehlern und dem Versagen lähmte mich. Hatte ich doch wenigstens in Bezug auf mein Körpergewicht bis jetzt „Erfolg" gehabt und mich vollkommen unter Kontrolle ...

So kreiste ich noch monatelang weiter um mich selbst, voller Angst, in das tiefe, schwarze Loch der Leere und Sinnlosigkeit zu fallen. Im Grunde genommen steckte ich aber schon ganz tief drin.

Der Wendepunkt kam mit der Entscheidung, ob ich weiterhin an meinem Grenzgewicht festhalten und kein Gramm zunehmen oder ob ich lieber leben wollte – *richtig* leben, was auch immer das heißen mochte.

Ich entschied mich für das Leben, was einen neuen Kampf in mir entfachte. Es war eine Gratwanderung mal für und mal gegen das Leben, manchmal beides zugleich.

Ich begann, neue Seiten an mir zu entdecken und wurde nach und nach dankbar für die Schätze, die Gott in mich hineingelegt hat. Ich wagte es wieder, Gott zu vertrauen –, diesem Gott, der mich wollte und will. Auch dies war eine Gratwanderung, die immer wieder neu meinen Willen und meine Entscheidung erforderte.

Gott legte mit seiner heilsamen Wahrheit über mich selbst

Schicht für Schicht sein Perlmutt um mein Sandkorn, mit dem ich mich fast selbst zerstört hätte.

Mit der Zeit wurde das Sandkorn in mir erträglicher. Die Ecken und Kanten glätteten sich, es fand seinen Platz in meinem Leben. Rückblickend ist es für mich ein großes Wunder, das da in mir geschehen ist bzw. das Gott in mir bewirkt hat. Auch wenn ich die Zeit nie mehr zurückdrehen möchte, so ist doch mit den Jahren eine Perle aus den schmerzlichen Erfahrungen von damals entstanden – eine Lebensperle. Ich möchte sie nicht missen, weil sie Tiefe und Sinn in mein Leben gebracht hat, auch wenn ich dies in meiner damaligen Situation nie so gesehen hätte.

Die Magersucht blieb nicht das einzige Sandkorn. Es kamen im Lauf meines Lebens noch mehr dazu und ich kann auch nicht sagen, dass alle Schmerzpunkte schon durchlitten oder überstanden wären.

Ich kann aber mit Überzeugung sagen, dass das Perlmutt Gottes, das er uns zuspricht und das er in jedes Leben hineingelegt hat, ein kostbarer Schatz ist! Es lohnt sich, diesen zu entdecken, zu öffnen und zu gebrauchen – Schicht für Schicht, damit Gottes Perle in uns werden und wachsen kann.

Die Perlmuschel
als Vorbild

Die Entstehung einer Perle ist ein Wunder. Wenn ein Fremdkörper in das Innere der Muschel eindringt oder wenn die Muschelschale verletzt wird, dann wird die Muschel aktiv. Sie legt Schicht für Schicht Perlmutt um den Fremdkörper – so lange, bis eine Perle entstanden ist.

Was so klein, unscheinbar und doch schmerzhaft und erschütternd begann, entwickelt sich langsam, Schicht für Schicht zu einem kostbaren, einmaligen Schmuckstück.

Verluste, Lebensschmerz, Enttäuschungen, Trennungen, Todesfälle, Krankheit, Verletzungen, Traumata, Ängste, Grenzüberschreitungen, unerfüllte Wünsche und mehr können in unserem Leben immer mehr Raum einnehmen und zu schmerzenden Sandkörnern werden. Wenn wir das Geschehene leugnen, verdrängen oder die ganze Zeit um diesen Schmerz kreisen, schadet er uns nur noch mehr.

Wie können wir mit diesen Erfahrungen so umgehen, dass aus schmerzenden „Sandkörnern" in unserem Leben Perlen werden?

Mit dieser Frage werden wir uns in diesem Buch beschäftigen und ich wünsche mir von Herzen, dass es jedem Leser und jeder Leserin zum Segen wird.

Beschreibt man den Vorgang, wie eine Perle entsteht, so hört sich das zunächst so an, als passiere das recht schnell. Das ist jedoch nicht so. Der natürliche Prozess ist langsam – erst nach 10-50 Jahren ist die echte Perle fertig!

Es gibt keine Zauberformel für die Heilung von Verletzungen, denn jeder Mensch ist einzigartig und hat individuelle Ressourcen. Jeder Schmerzpunkt wird ganz subjektiv, auf unterschiedliche Weise erlebt. Jede und jeder geht anders mit Verletzungen um und braucht unterschiedlich lange, um mit dem Sandkorn im eigenen Leben zurechtzukommen. Manchmal kann auch eine Therapie vonnöten sein – doch umso einzigartiger ist die Perle, die entsteht.

Die Muschel –
außen und innen

Jeder von uns hat, äußerlich und innerlich, verborgene Seiten.
Was macht mich eigentlich aus?

ICH
außen und innen
hart und weich
stabil und zerbrechlich
stark und schwach
fähig und unfähig
belastbar und empfindsam
zäh und sensibel
geschützt und verletzbar
mit zwei Seiten oder auch mehr
Ich – so und anders – so, wie ich bin.

Eine Muschel ist ein faszinierendes Geschöpf mit harter Schale,
weichem Kern und kostbaren Ressourcen, dem Perlmutt, mit dem
sie Schmerzendes in Schmuck verwandeln kann.

Gibt es Ähnlichkeiten zwischen der Perlmuschel und uns?
Auch wir sind einzigartige, wunderbar geschaffene Geschöpfe –
mit Stärken und Schwächen, mit harten, starken, widerstandsfähi-
gen und weichen, sensiblen, schwachen Seiten. Auch wir bestehen
aus einer harten Schale und einem weichen Kern, wobei die harte
Schale nicht negativ gemeint ist.
Nach außen hin entwickeln wir oft Abwehrmechanismen, be-

stimmte Verhaltensweisen, Fähigkeiten und Stärken, die unser verletzliches Inneres schützen und uns im Leben helfen sollen. Im Inneren ist unser Wesen sensibel, kostbar und voller einzigartiger Ressourcen, die von außen oft nicht sichtbar sind und die wir vielleicht selbst noch nicht entdeckt haben.

Auch die Bibel unterscheidet außen und innen bzw. Leib und Seele / Herz. Was unsere Geschöpflichkeit betrifft, so können wir eigentlich nur staunen, wie einzigartig wir geschaffen sind, wie wunderbar unser Körper funktioniert. Schon eine einzige Zelle ist ein Kunstwerk – um wie viel mehr dann unser Auge oder Ohr, unsere Haut oder das Herz.

Hinzu kommt unser Charakter, unsere Persönlichkeit. Wir Menschen sind so verschieden. Jeder von uns hat andere Stärken, Fähigkeiten, Möglichkeiten und Begabungen, aber auch Grenzen, Schwächen und Ängste.

Jedem Menschen ist von Gott eine Seele eingehaucht. Wir bestehen aus Gefühlen, aus unserem Willen und Verstand, aus unserem Gemüt und unserer Gesinnung, wir haben Sehnsüchte und unterschiedliche Motive.

Gott kennt uns ganzheitlich, so wie wir wirklich sind – unser gesamtes Wesen ist ihm vertraut – und er versteht uns.

Die Bibel bestätigt, dass wir wunderbar geschaffen und von Gott geliebt sind:

Genesis 1,31: Nach der Erschaffung der Welt heißt es:

Und Gott sah an alles, was er gemacht hatte, und siehe, es war sehr gut.

Psalm 139: Gott kennt mich bis ins Innerste, durch und durch. Er hat mich wunderbar gemacht und meine Lebenstage in sein Buch geschrieben. Es lohnt sich, diesen Psalm in Ruhe durchzulesen und darüber nachzudenken:

1. Herr, du erforschest mich und kennest mich.
2. Ich sitze oder stehe auf, so weißt du es; du verstehst meine Gedanken von ferne.
3. Ich gehe oder liege, so bist du um mich und siehst alle meine Wege.
4. Denn siehe, es ist kein Wort auf meiner Zunge, das du, Herr, nicht schon wüsstest.
5. Von allen Seiten umgibst du mich und hältst deine Hand über mir.
6. Diese Erkenntnis ist mir zu wunderbar und zu hoch, ich kann sie nicht begreifen.
7. Wohin soll ich gehen vor deinem Geist, und wohin soll ich fliehen vor deinem Angesicht?
8. Führe ich gen Himmel, so bist du da; bettete ich mich bei den Toten, siehe, so bist du auch da.
9. Nähme ich Flügel der Morgenröte und bliebe am äußersten Meer,
10. so würde auch dort deine Hand mich führen und deine Rechte mich halten.
11. Spräche ich: Finsternis möge mich decken und Nacht statt Licht um mich sein –,
12. so wäre auch Finsternis nicht finster bei dir, und die Nacht leuchtete wie der Tag. Finsternis ist wie das Licht.
13. Denn du hast meine Nieren bereitet und hast mich gebildet im Mutterleibe.
14. Ich danke dir dafür, dass ich wunderbar gemacht bin; wunderbar sind deine Werke; das erkennt meine Seele.
15. Es war dir mein Gebein nicht verborgen, als ich im Verborgenen gemacht wurde, als ich gebildet wurde unten in der Erde.
16. Deine Augen sahen mich, als ich noch nicht bereitet war, und alle Tage waren in dein Buch geschrieben, die noch werden sollten und von denen keiner da war.
17. Aber wie schwer sind für mich, Gott, deine Gedanken! Wie ist ihre Summe so groß!
18. Wollte ich sie zählen, so wären sie mehr als der Sand: Am Ende bin ich noch immer bei dir.

19. *Erforsche mich, Gott, und erkenne mein Herz; prüfe mich und erkenne, wie ich's meine.*
20. *Und sieh, ob ich auf bösem Wege bin, und leite mich auf ewigem Wege.*

Jesaja 43,1-4: Gott ist bei mir und kennt meinen Namen. In seinen Augen bin ich wert geachtet und herrlich. Er hat mich lieb!

Und nun spricht der Herr, der dich geschaffen hat, Jakob, und dich gemacht hat, Israel: Fürchte dich nicht, denn ich habe dich erlöst; ich habe dich bei deinem Namen gerufen; du bist mein! Denn ich bin der Herr, dein Gott, der Heilige Israels, dein Heiland. Du bist in meinen Augen so wert geachtet und auch herrlich und ich habe dich lieb. So fürchte dich nun nicht, denn ich bin bei dir.

Das heißt also:

Über unserem Leben und Dasein steht Gottes bedingungsloses Ja und seine Liebe. Wir sind wertvoll – du bist wertvoll, ich bin wertvoll!

Wir sind eingeladen, Gottes Wahrheit über uns zu entdecken und anzunehmen.

Gottes Ja und seine Liebe zu uns und unser Vertrauen, dass er da ist, dass er uns hält und annimmt, so wie wir sind –, das ist die Grundlage –, auf der wir unsere Sandkörner anschauen und uns ihnen stellen können, ohne ins Bodenlose zu versinken.

SO WIE ICH BIN,
nimmst du mich wahr,
mit meiner harten „Schale" – außen:
Mutig, tapfer, stark, voller Tatkraft und Durchhaltevermögen,
hilfsbereit, ermutigend, stabil, mit meinen sichtbaren Stärken und
Fähigkeiten, die auch andere sehen und erleben können.
Manchmal aber auch hart und unnahbar, verletzend und kantig,
ungeduldig, leer … – Du siehst mich.

So wie ich bin – auch so! – bin ich angesehen von dir.

So wie ich bin,
siehst du mich an,
mit meinem weichen Kern – innen:
Was ich wirklich fühle und wie ich es meine,
was mich bewegt und beschäftigt,
die sensiblen Tiefen, das erfahrene Schöne und durchlittene Schwere.
Meine Wünsche und Sehnsüchte, meinen Mangel und die mir
geschenkte Fülle an Gaben und Werten – eine Schatulle voller
Kostbarkeiten, mir anvertraut, um sie zu entdecken,
zu öffnen und zu leben –
Du siehst mich.

So wie ich bin – auch so! – bin ich angesehen von dir,
mein Gott.

Wer ich auch bin,
wie ich auch bin,
mein Werden und Sein,
mein Erleben und Erleiden,
mein Beschenkt-Sein und Beraubt-Sein –
mein Verstehen und mein Nicht-Verstehen –
dir ist es vertraut –
dir bin ich vertraut –
Du siehst mich an,
so wie ich bin.

Persönliche Fragen zum Nachdenken / Impulse zum Vertiefen

☞ Ich vergleiche mich mit einer Perlmuschel. Das Äußere der Muschel ist die harte, stabile, schützende Schale.

Welches ist die schützende Schale bei mir, welche Fähigkeiten, Abwehrmechanismen, Verhaltensweisen, Gaben machen mich aus? Wo wirke ich auf andere stark, stabil, vielleicht manchmal hart? Wie ist mein Äußeres (Kleidung, Frisur, Erscheinungsbild)? Passt es zu meinem Inneren oder soll es etwas anderes ausdrücken? Fühle ich mich in meiner „Schale" (Haut) wohl?

☞ Das Innere der Muschel ist das Weiche, das „Muschelfleisch". Mein Inneres ist mein Wesen, das, was mich *wesentlich* ausmacht, meine Persönlichkeit.

Was schlummert in mir? Was ist vorhanden, aber nicht für alle sichtbar? Was gehört alles zu mir und macht mich aus? Welche Sehnsüchte, Ängste und Empfindlichkeiten kenne ich?

☞ Ich nehme mir Zeit, um mein Äußeres und mein Inneres wahrzunehmen. Ich stelle mich meiner „harten" Schale und meinem „weichen" Kern. Ich schaue meine äußeren und inneren Werte, Wesenszüge, Stärken, aber auch meine Schwachstellen und Grenzen an. Ich nehme sie wahr und lasse sie wahr sein – „Ja, so ist es." „Ja, so bin ich." Ich lese folgende Sätze aus der Bibel, die von Gottes Liebe zu mir sprechen, und lasse mich von ihnen ermutigen. Kann ich sie glauben? Wie denke ich darüber?

> *Er (der Herr) ward ihr Heiland. Sein Angesicht half ihnen. Er erlöste sie, weil er sie liebte und Erbarmen mit ihnen hatte. Er nahm sie auf und trug sie allezeit von alters her.* (Jesaja 63,8-9)

17

So spricht der Herr: Ich habe dich je und je geliebt, darum habe ich dich zu mir gezogen aus lauter Güte. (Jeremia 31,2-3)

Du bist von Gott geliebt. (Daniel 9,23)

So sehr hat Gott die Welt geliebt, dass er seinen einzigen Sohn gab, damit alle, die an ihn glauben, nicht verloren gehen, sondern das ewige Leben haben. (Johannes 3,16)

Die Liebe Gottes ist ausgegossen in unsere Herzen durch den Heiligen Geist, der uns gegeben ist. (Römer 5,5)

Was wollen wir nun hierzu sagen? Ist Gott für uns, wer kann gegen uns sein? Denn ich bin gewiss, dass weder Tod noch Leben, weder Engel noch Mächte noch Gewalten, weder Gegenwärtiges noch Zukünftiges, weder Hohes noch Tiefes noch eine andere Kreatur uns scheiden kann von der Liebe Gottes, die in Christus Jesus ist, unserm Herrn. (Römer 8,31.38.39)

Folgt nun Gottes Beispiel als die geliebten Kinder und lebt in der Liebe. (Epheser 5,1.2)

☞ Ich komme mit Gott über das, was mich bewegt, ins Gespräch ...

EINE SANDKORNGESCHICHTE

Eine Frau erzählt:
Meine Mutter wollte mich nicht. Sie versuchte sogar, mich abzutreiben, aber es gelang nicht. Meine Mutter war meinem Vater nicht treu und hatte ständig Liebhaber.

Auch mit dem Geld hatten wir unsere Mühe und Not. Ich musste oft im Laden anschreiben lassen, wenn ich etwas holte, weil wir nie genügend Geld hatten. Am Zahltag bezahlten wir erst einmal unsere Schulden und lebten so ständig auf Kredit. Die Angst, dass das Geld nicht reicht, spürte ich noch Jahre danach im Nacken, nachdem ich schon längst eine eigene Familie hatte.

Meine jüngere Schwester und ich litten sehr unter dieser Situation, vor allem, als unsere Mutter uns eröffnete, dass wir noch ein Geschwisterchen bekommen würden. Mir war von Anfang an klar, dass dieses Kind nicht von meinem Vater sein konnte, sondern von einem anderen Mann, und ich wusste genau, von wem.

Obwohl mir klar war, dass dieses Kind keine Schuld an allem trug, nagten der Schmerz, die Enttäuschung und die Wut über die ganze Situation an mir, und ich entwickelte kein gutes Verhältnis zu diesem „Nesthäkchen", einem Mädchen. Weil ich es immer weniger zu Hause aushielt, ging ich schon früh von daheim weg, um ein Haushaltsjahr zu machen und begann gleich anschließend mit einer Lehre.

Von einer Beziehung mit einem Mann wollte ich zunächst nichts wissen, sondern begann ernsthaft darüber nachzudenken, Diakonisse zu werden.

Der Glaube an Gott war mir schon immer sehr wichtig gewesen. Ich war immer die Einzige in der Familie, die am Sonntag den Gottesdienst besuchte. Durch viele Höhen und Tiefen hindurch wurde der Glaube für mich zur wahren Hilfe und zum festen Halt in meinem Leben.

Es dauerte jedoch noch jahrelang, bis ich meiner Mutter von Herzen vergeben konnte.

Zur selben Zeit, als ich Diakonisse werden wollte, lernte ich einen Mann kennen, in den ich mich sehr bald verliebte. Wir entschieden uns zu heiraten, und schon bald ging ich in den Aufgaben als Ehefrau, Hausfrau und Mutter auf. Ich hätte eigentlich glücklich sein können, doch tief im Herzen saß immer noch diese Grund- und Lebensüberzeugung:

Ich bin nicht gewollt. Ich bin nicht geliebt.

Diese Überzeugung nahm mir den Lebensmut und die Lebenskraft. Wie sollte ich mich selbst annehmen, wenn nicht einmal meine Mutter mich gewollt und sogar versucht hatte, mich in ihrem Leib zu töten? Wie sollte ich mich bloß selbst annehmen, wenn nicht einmal meine eigene Mutter ein Ja zu mir gehabt hatte?

Die Sätze *„Du bist nicht gewollt!"*, *„Du bist nicht geliebt!"* waren meine „treuen" Dauerbegleiter, quälten mich ununterbrochen und nahmen mir viel Lebensmut.

Das Bild von der Muschel, vom Sandkorn und der Perle wurde für mich zur Einladung, loszulassen, d.h. mich mit meinem störenden, schmerzenden Sandkorn Gott anzuvertrauen und mir von ihm meine Existenzberechtigung zusprechen zu lassen. Der wiederholte Zuspruch *„Ja, du bist von Gott gewollt und geliebt! Du bist Gottes Perle!"* berührte mich, auch wenn es Zeit brauchte, bis diese Worte auch in mein Herz einsanken. Doch inzwischen kann ich diese Wahrheit von Herzen annehmen und ihr immer mehr Raum in meinem Leben überlassen.

Das Sandkorn – der Schmerzpunkt

SCHMERZ

Ein Sandkorn in mir.
Wie kam es herein?
Ein Sandkorn –
winzig klein und unscheinbar,
harmlos und unbedeutend.
Doch umso heftiger bohrt es sich tiefer,
drückt und sticht,
schneidet, zerreißt, zermalmt.
Wie tausend Messerklingen
fühlt es sich an.
Was soll ich tun?

Ein Schmerz
durchbohrt mein ganzes Sein
zerreißt mein Inneres, explodiert,
sticht in mein Herz. Unerträglich.
Immer tiefer, immer heftiger.
Mein stummer Schrei
hallt durch die Seelennacht:
Wer steht mir bei?

MUSCHELGESCHICHTE – Teil 1

Tief unten am Meeresgrund lebte die unscheinbare Muschel Muriel. Sie war zufrieden und fühlte sich rundum wohl, denn ihr Leben verlief ruhig. Sie freute sich an jedem, der ihr begegnete, und an den Wundern des Meeres um sie herum. Sie bewunderte die Schönheit der Korallen und ihrer Muschelgefährten. Sie staunte über die Farbenpracht mancher Fische und Meeresbewohner. Muriel war eine freundliche Muschel, die immer grüßte und sich nach dem Wohlergehen der anderen erkundigte. Sie hatte Zeit und ein offenes Muschelohr, wenn ihr jemand das Herz ausschütten oder einfach nur erzählen wollte. Ihre Freunde kamen gerne zu ihr und teilten mit ihr, was sie beschäftigte. Muriel konnte gut zuhören, und wer zu ihr kam, fühlte sich verstanden.

Muriel hatte eine harte Schale, die um ihr Inneres gelegt war und ihrem Leben Festigkeit und Halt gab. Die Schale schützte sie vor Feinden und Feindlichem, und durch sie wirkte Muriel stark und belastbar.

Doch eines Tages wurde alles anders: Ein Sturm, wie ihn noch keiner der Meeresbewohner erlebt hatte, wütete über dem Meer und wirbelte sogar den Meeresboden auf. Muriel wurde hin und her geschleudert und über den Meeresgrund geschleift. Sie schlug an spitzen Felsen an und wurde über hartes Gestein gezerrt, sodass ihre Muschelschale verletzt wurde und sich ein winziges Stück ihrer eigenen Schale in ihr Muschelfleisch grub. Es bohrte sich in ihr weiches Inneres. Der Schmerz schien sie fast zu zerreißen.

„Das ist das Ende", dachte Muriel und fiel in eine tiefe Ohnmacht. Als sie wieder erwachte, war es dunkel um sie herum. Sie konnte fast nichts sehen, doch ständig stach und bohrte der Schmerz in ihrem Muschelinneren. Was sollte sie tun?

Wo waren alle ihre Freunde und Bekannten? Wo war ihr friedlicher Platz, an dem sie so lange gewohnt und sich so wohlgefühlt hatte?

Alles schien verloren. Alles schien sinnlos. Das Einzige, was ihr geblieben war, war der bohrende Schmerz, die nagenden Fragen, die tiefe Verzweiflung und die Einsamkeit ...

Der Schmerz / der Schmerzpunkt

Ein Sandkorn oder Fremdkörper oder gar ein Muschelsplitter ist für die Muschel zunächst bedrohlich. Diese Eindringlinge sind schmerzhaft und können die Muschel verletzen.

Und wie ist es bei uns? Sandkörner gibt es auch in unserem Leben wie Sand am Meer – sowohl im körperlichen als auch im seelischen Bereich. Auch unsere Sandkörner bzw. Schmerzpunkte quälen und bedrohen uns. Es gibt Schmerzpunkte, die von außen kommen, und solche, die in uns selbst entstehen.

Bei *körperlichen Sandkörnern* denke ich z. B. an Unfälle, Schläge, Krankheiten, chronische Schmerzen, körperliche Behinderungen oder Probleme.

Bei *seelischen Sandkörnern* unterscheide ich zwischen Sandkörnern von außen und Sandkörnern von innen:

Sandkörner von außen können z. B. böse Worte sein, Psychoterror, Erniedrigungen, Streit, Geringschätzung, Verachtung, Ablehnung, zu hohe Erwartungen und Ansprüche von außen, Liebesmangel, Verluste, Todesfälle, Betrug, Trennung, Scheidung.

Sandkörner von innen sind u.a. Ängste, Minderwertigkeitsgefühle, Schuld, Hass, Wut, eigene überhöhte Ansprüche, Perfektionismus, Zwänge.

Doch wir können den körperlichen und seelischen Aspekt nicht strikt voneinander trennen, denn Körper und Seele hängen eng zusammen – ein seelischer Schmerz kann sich körperlich auswirken und umgekehrt kann auch ein körperlicher Schmerz die Seele beeinflussen!

„Sandkornthemen" können jeden Lebensbereich betreffen:

- Es gibt Ehepaare, die kaum mehr offen und persönlich miteinander sprechen. Sie haben vielleicht nie gelernt, über ihre Gedanken und Gefühle zu reden, oder zwischen den beiden Partnern haben sich schon so viele Missverständnisse und Verletzungen angehäuft, dass jedes weitere Wort den immer gleichen Teufelskreis an Diskussionen und Argumenten in Bewegung setzt.

- Manchmal sind auch die gegenseitigen Erwartungen in Beziehungen sehr hoch bzw. zu hoch. Jeder macht dem anderen mit den eigenen Erwartungen das Leben schwer. Da der Partner die Erwartungen nicht erfüllen kann, kommt es immer wieder zu Ent-Täuschungen. Dass die Beziehung schwierig wird, kann nie nur einem Partner angelastet werden. Es ist wichtig, den eigenen Anteil in einer „Sandkorngeschichte" wahrzunehmen und zu erkennen.
- Manche Menschen werden am Arbeitsplatz unterdrückt. Sie können noch so kompetent sein – durch unterschiedlichste Umstände und aufgrund der Teamzusammensetzung gelingt es Kolleginnen und Kollegen, sie klein zu halten und sie die „Drecksarbeit" machen zu lassen. Der Begriff „Mobbing" ist ein Wort, das in den letzten Jahren immer häufiger zu hören und zu lesen ist.
- Krankheiten oder Behinderungen können schnell zu Sandkörnern werden – nicht nur körperliche Krankheiten, sondern auch psychische. Gerade im psychischen Bereich werden viele Leiden tabuisiert und sind mit Schamgefühlen verbunden. Wer redet schon gerne darüber, dass er oder sie depressiv ist, unter Ängsten oder Zwängen leidet, eine Essstörung hat oder sich selbst verletzt.
- Missbrauch ist ein Thema, das zum großen Schmerzpunkt im Leben werden kann, ganz besonders, wenn der Missbrauch schon in der Kindheit begann. Nicht nur sexueller, sondern auch körperlicher, seelischer und geistlicher Missbrauch können tiefe Wunden hinterlassen.
- Chronische Schmerzen treiben manch einen in die Verzweiflung oder lassen einen für die Schönheiten des Lebens unempfänglich werden.
- Traumatische Erlebnisse, Verluste oder schockierende Erfahrungen können so blockieren, dass das Leben für eine gewisse Zeit gehemmt ist und alles wie im falschen Film abläuft.
- Und schließlich kann jeder Mensch für einen anderen Menschen zum verletzenden Sandkorn werden, denn unser Streben nach Macht, Ehre, Anerkennung und unser Egoismus/

Narzissmus machen uns oft blind dafür, welchen Schaden wir selbst in anderen anrichten können.

Doch was für den einen Menschen zum Sandkorn wird, wird nicht zwangsläufig für jede Person zum Schmerzpunkt. Ebenso geht auch jeder Mensch ganz individuell mit „Sandkorngeschichten" um. Und genauso hat auch jede Perle ihre eigene Geschichte.

Ein Blick in die Bibel

Die Bibel ist voll von Berichten und Geschichten über Menschen, die Schmerz und Leid erlebt haben, und zeigt, wie sie damit umgegangen sind.

Die Geschichte von Josef (1. Mose 37,39-50) erzählt so eine Sandkorngeschichte. Sie macht deutlich, dass solche Geschichten oft zwei Seiten haben und meist nicht nur einer das arme Opfer ist und die anderen die Bösen.

Josef war einer der zwölf Söhne Jakobs, ein Urenkel von Abraham. Er war der erstgeborene Sohn von Jakobs Lieblingsfrau Rahel. Und so wurde Josef das Lieblingskind seines Vaters. Josef war wie seine Brüder Schafhirte und half ihnen, doch sobald sie etwas falsch machten oder Unrecht taten, verriet er es seinem Vater. Josef wurde von seinem Vater bevorzugt und verwöhnt. Er bekam einmal ein wunderschönes buntes Gewand geschenkt, während seine Brüder leer ausgingen. Josef hatte manchmal eigenartige Träume, die eine tiefere Bedeutung zu besitzen schienen. In diesen Träumen verneigten sich z. B. seine Brüder vor ihm. Und so wurde der Graben zwischen Josef und seinen Geschwistern immer tiefer. Die Brüder beneideten und verachteten ihn, und Josef hatte im Grunde genommen selbst dazu beigetragen, dass seine Brüder eifersüchtig wurden und ihn zu hassen begannen. Er war nicht einfach nur ein Opfer, sondern wusste sehr wohl, wie er seine Brüder zur Weißglut bringen konnte.

Eines Tages hielten die Brüder es nicht mehr aus und wollten Josef loswerden, indem sie ihn töteten. Doch dann entschlossen sie sich, ihren Bruder als Sklaven nach Ägypten zu verkaufen. So wurde Josef aus seinem Zuhause und aus seiner Familie gerissen. Mit einem Schlag verlor er alles – bis auf sein Leben.

Josef kam als Sklave in ein Haus, in dem er dienen musste, das aber treu tat und seine Arbeit gut verrichtete. Doch dann versuchte seine Herrin, ihn zu verführen.

Weil Josef sich weigerte, mit der Frau seines Herrn ein Verhältnis einzugehen, verbreitete diese Frau aus verletzter Eitelkeit heraus Lügen und stellte Josef als Lüstling dar, der sie vergewaltigen wollte. So kam Josef zu Unrecht ins Gefängnis. Nun war er noch tiefer gesunken. Eigentlich hätte er verzweifeln und an allem, was er bis jetzt an Verletzungen und Demütigungen erlebt hatte, zerbrechen können.

Josef hatte seinen lieben Vater und sein ganzes Zuhause durch eine Gewalttat seiner Geschwister verloren. Sie hatten ihn brutal behandelt und gedemütigt.

Er war als Sklave verkauft worden und musste die weite Reise nach Ägypten zu Fuß bewältigen – wie ein Tier gefesselt an einem Strick.

In Ägypten musste er als Sklave dienen und alle niederen Arbeiten verrichten.

Im Gefängnis schließlich war er am Tiefpunkt seines Lebens angelangt. War dies das Ende?

Josef hatte mit so vielen Sandkörnern in seinem Leben zu kämpfen. Es wäre wohl nicht verwunderlich gewesen, wenn er an alldem zerbrochen wäre.

Doch die Josefsgeschichte ist nicht die einzige Sandkorngeschichte in der Bibel.

Sowohl im Alten als auch im Neuen Testament finden wir zahlreiche Berichte von Männern und Frauen, die Schweres durchmachten und Unrecht erlitten.

Einige dieser Geschichten möchte ich noch gerne erwähnen. Es lohnt sich, sie einmal selbst in der Bibel nachzulesen:

Dinas Geschichte (1. Mose 34): Dina, Josefs Halbschwester wird vom Sohn eines Fürsten vergewaltigt. Dieser will sie dann zwar unbedingt heiraten, doch Josefs Brüder bringen den Prinzen und sein ganzes Volk grausam um. Dina hat nicht nur ihre Unschuld verloren, sondern auch ihre Zukunft. Man hört von ihr nichts mehr.

Hannas Geschichte (1. Samuel 1.2): Elkana hatte zwei Frauen – Hanna und Peninna. Peninna hatte Kinder und war sehr stolz darauf. Hanna hatte keine Kinder. Peninna machte Hanna das Leben schwer, indem sie sie reizte und kränkte. Hanna hatte in ihrem Leben schon viele Tränen vergossen. Sie litt unter ihrer Kinderlosigkeit. Es war damals eine Schande für eine Frau, keine Kinder zu haben. Das große Glück für Hanna war allerdings, dass ihr Mann sie liebte und immer wieder versuchte, sie zu trösten. So fragte er sie: „Warum weinst du und warum ist dein Herz so traurig? Bin ich dir nicht mehr wert als zehn Söhne?" Doch die Liebe ihres Mannes konnte ihr die Kinder nicht ersetzen. Als unfruchtbare Frau galt sie als gestraft und wurde verachtet – vor allem von Peninna, mit der sie unter demselben Dach leben musste.

Hanna war der Verzweiflung nahe.

Tamar (2. Samuel 13), die Tochter von König David, wurde von ihrem Halbbruder Amnon vergewaltigt. Sie wollte ihn hindern, doch er hörte nicht auf sie. Nach dem Missbrauch stieß er sie von sich. Tamar lief schreiend davon, wurde aber von ihrem anderen Bruder Absalom aufgefordert, niemandem von der Tat zu erzählen. Zum Schluss steht von ihr geschrieben: *„So blieb Tamar einsam im Hause ihres Bruders Absalom."* (Absalom rächt sich zwei Jahre später an seinem Bruder Amnon und lässt ihn erschlagen.)

Hiob (Hiob 1.2) erlebte unerträgliches Leid: Er verlor durch verschiedene Unglücke seinen gesamten Besitz: viele tausend Schafe, Kamele, Rinder, Eselinnen, seine Knechte und Mägde und alle seine Kinder – sieben Söhne und drei Töchter. Anschließend wurde er schwer krank: Sein Körper wurde von bösen Geschwüren gequält. Zu guter Letzt kam noch seine Frau zu ihm und riet ihm,

seinen Glauben an Gott an den Nagel zu hängen und zu sterben.
Da saß Hiob nun –, ein gebrochener Mann. Dies hätte das traurige
Ende seiner Geschichte sein können.

Auch im *Neuen Testament* werden ein paar Beispiele genannt:

Maria, die Mutter Jesu wurde schwanger, ohne verheiratet zu sein
– damals war dies eine Schande für eine Frau und sie hätte deshalb
verstoßen und gesteinigt werden können. (Lukas 1,26-38; Matthäus 1,18-24)

Am Teich Bethesda lagen viele Kranke, die auf Heilung warteten
(Johannes 5,1-18). Ein Mann war bereits **seit 38 Jahren gelähmt**
und wartete noch immer auf ein Wunder. Das ist eine lange Zeit,
die einen verzweifeln lassen kann, wenn eine Krankheit, eine Behinderung, ein Sandkorn schon so lange schmerzt, quält, plagt,
sticht ...

Eine **Frau** litt 12 Jahre lang unter **Blutfluss**. Sie war geächtet und
wurde gemieden. Sie befand sich gemäß den jüdischen Reinheits-
gesetzen ständig im Zustand der Unreinheit und durfte nicht berührt werden. Von ihr steht geschrieben: *„Sie hatte alles, was sie
zum Leben hatte, für die Ärzte aufgewandt und konnte von keinem
geheilt werden."* (Lukas 8,43) Es war zum Verzweifeln: Sie konnte
kein Leben in Würde als Frau bzw. Ehefrau führen, weil sie immer
unrein war – ein Leben in Schande und Isolation. Und nun hatte
sie alles hergegeben, immer in der Hoffnung, doch noch geheilt
zu werden. Die Enttäuschung und Hoffnungslosigkeit drohten sie
nun zu verschlingen.

Wenn wir an **Jesus** denken, so haben wir ein weiteres und um-
fassendes Beispiel für Sandkörner bzw. Schmerzpunkte im Leben,
denn er musste Unerträgliches erleiden. Ihm wurde sein Leben lang
und vor allem am Ende seiner Lebenszeit auf der Erde Unrecht zugefügt. Er wurde beschuldigt, gehasst, verachtet, gedemütigt und

schließlich grausam gequält und gekreuzigt. (vgl. Matthäus 26.27; Markus 14.15; Lukas 22.23; Johannes 18.19)

Von Jesus können wir am besten lernen, wie wir mit den Sandkörnern in unserem Leben umgehen können. Sein Vorbild kann für uns zum Perlmutt werden, das unseren eigenen Sandkörnern die scharfen Kanten nimmt.

DREI SANDKORNGESCHICHTEN

Eine Frau ist verzweifelt. Seit einer *schweren Operation* erlebt sie sich selbst anders als vorher. Manchmal ist sie sich fremd. So kennt sie sich gar nicht. Sie kann sich nicht lange konzentrieren, ist manchmal regelrecht verwirrt und fühlt sich dem Leben gegenüber ohnmächtig.

Wenn sie aktiv sein kann, hilft ihr dies eine Zeit lang, sich abzulenken und sich auf andere Beschäftigungen und Menschen zu konzentrieren. Doch selbst dies funktioniert nicht mehr so wie zuvor. Manchmal kann sie sich nicht einmal mehr für eine Aktivität begeistern, die ihr bislang immer Freude bereitet und gutgetan hat.

Ihr Sandkorn macht sie wütend und aggressiv, was wiederum Schuldgefühle in ihr hervorruft.

Innerlich sehnt sie sich zutiefst nach Frieden.

So, wie ein Sandkorn nach und nach zu einer Perle umgestaltet wird, macht sie sich innerlich und äußerlich auf und wagt Schritt für Schritt ...

Im Alter von 53 Jahren brach mir der erste Wirbel ein. Hinzu kam eine Lungenembolie. Während der folgenden sechs Jahren brachen noch weitere Wirbel ein und ich erlebte außerdem auch einen Herzinfarkt. Die Last meines Lebens wurde mir regelrecht zu schwer (schwierige Kindheit, Missbrauch, konfliktreiche Ehe ...).

Ich sehe mich noch heute, wie ich im Rollstuhl vor dem Röntgenraum saß und mir die Tränen die Wangen hinunterliefen, weil ich solche Schmerzen hatte.

Was mir half, waren u.a. meine Mitpatientinnen, die mir wieder Mut machten und mich herausforderten, über den Schmerz hinwegzusehen und an der Hoffnung festzuhalten.

Nachdem sich die Wirbel stabilisiert hatten, konnte ich wieder Sonntagsschulunterricht geben. Das Zusammensein mit den Kindern half mir sehr und machte mir Freude.

Auch Besuche bei Menschen und Gespräche mit anderen ermutigten mich, durchzuhalten.

Inzwischen ist die Osteoporose chronisch geworden. Ich habe viel Schmerzen und muss immer wieder liegen.

Ich lerne, die Grenzen, die ich habe, zu respektieren und innerhalb dieser Grenzen zu leben. Ich möchte gerne aktiv sein, doch sobald es zu viel wird, kommen die Schmerzen zurück. Mein Körper gibt mir das Signal, wann ich mich zurücknehmen muss.

„Denen, die Gott lieben, müssen alle Dinge zum Besten dienen" (Römer 8,28). Ich hatte den Eindruck, dass Gott mit mir durch diesen Vers sagen will, dass mir meine Krankheit zum Besten dienen sollte. Rückblickend kann ich das nun auch so sehen. Genau so habe ich es erlebt, denn durch meine Krankheit wurde mir auch viel möglich und ich durfte Neues in mir entdecken und andere damit beschenken.

Ich war 32 Jahre alt, seit mehr als sechs Jahren wieder alleinstehend und hatte mir erneut ein durchaus erfüllendes Leben aufgebaut. Als Verwaltungsangestellte bekleidete ich einen verantwortungsvollen Posten. Nach der täglichen Arbeit war erst einmal Bewegung angesagt –, Rad fahren, Tennis spielen, joggen oder mit den Nachbarskindern herumtollen. Ich leitete einen Turnverein, kraxelte in meinen geliebten Bergen herum, fuhr leidenschaftlich gerne Ski und engagierte mich in einer Theatergruppe, die ich selbst mitgegründet hatte.

Dass der Besuch einer Operette im Jahr 1987 für mich zum Auslöser für ein lebenslanges Leiden werden sollte, kann ich auch heute noch nicht richtig fassen. Aber: Das Leben schreibt bekanntlich seine eigenen Gesetze!

Ein kurzer Blick zu meiner Stuhlnachbarin während besagter Operette hatte genügt, um eine alte Nackenwirbelverletzung wieder akut werden zu lassen. Nach unzähligen Physiotherapien und chiropraktischen Behandlungen waren meine immensen Beschwerden immer noch nicht gemildert. Genauere Untersuchungen durch Spezialisten hatten eine massive Skoliose zum Vorschein gebracht, also eine Verkrümmung der Wirbelsäule, die nicht nur den Nacken, sondern den gesamten Rücken betraf. Dass mein rechtes Bein 3 cm kürzer ist als das linke und mein Gang deshalb schief ist, war mir seit jeher bekannt. Aber Gott sei Dank hatte ich bisher deswegen keine Einschränkungen hinnehmen müssen. Nun aber reagierte meine Wirbelsäule mit massiven Blockierungen der Wirbelgelenke, die folglich auf Nerven drückten und unvorstellbare Schmerzen bis zu den Zehen hinunter verursachten. Ein falscher Schritt genügte und ich lag, völlig unfähig, mich irgendwie zu bewegen, am Boden. Danach war ich zeitweise wochenlang bettlägerig und auf häusliche Pflege und die Hilfe von Freundinnen angewiesen.

Wie konnte so etwas plötzlich passieren? Noch vor so kurzer Zeit hatten mich doch meine Mitturnerinnen um meine Fitness und Schnelligkeit beneidet und nun sollte ausgerechnet *ich* auf Hilfe angewiesen sein? Dies war eine kaum zu überwindende Hürde für mich. Hilfe anzubieten war ich ja gewohnt – aber selber Bittstellerin zu sein – das stand auf einem ganz anderen Blatt. Doch durch gute Freunde, die offen und ehrlich zu mir waren, durfte ich lernen, Hilfe anzunehmen. Meine Schmerzen trieben mich oft an die Grenze zum Wahnsinn. Konnte es solche teuflischen Schmerzen überhaupt geben oder stimmte bei mir etwas psychisch nicht mehr? Alle meine Sehnen- und Muskelansätze waren von Kopf bis Fuß ständig entzündet. Durch die fortschreitende Verkrümmung der Wirbelsäule war praktisch mein ganzer Körper aus dem Lot geraten. Immer in der Hoffnung, meine Schmerzen in den Griff zu bekommen und die vielen Rheumamittel reduzieren zu können, hatte ich verzweifelt begonnen, alle möglichen Kurse zu belegen: Autogenes Training, Atemtherapie, Reiki und Edelstein-Therapie – jedoch alles mit sehr mäßigem Erfolg. Beim Reiki störten mich dann vor allem die geheimen, sehr suspekt wirkenden Abschlussrituale hinter dem Rücken der Teilnehmerinnen. Mittlerweile besaß ich auch ein ganzes Arsenal an Hilfsmitteln: Ich ging insgesamt mehr als 20 Jahre lang an Stöcken zur Entlastung des Rückens, trug lederne, metallverstärkte Handschienen wegen meiner Arthrose in den Daumen- und Handgelenken. Auch trug ich ein mit Metallstäben versehenes Stoff-Korsett und darüber noch eine harte, nach Gipsabdruck gefertigte Carbonschale zur Stabilisierung der Wirbelsäule. Überdies steckten meine Beine in Kunststoffschienen. Immer wieder folgten mehrwöchige Aufenthalte in Krankenhäusern und Reha-Kliniken, bis ich 1991 nach einem mehrjährigen Martyrium für zweieinhalb Monate im Universitätsspital Bern bei einem spezialisierten Professor landete. Dieser teilte mir gleich bei seiner ersten Visite unverblümt mit, ich müsse nun akzeptieren lernen, dass meine rheumatische Erkrankung unheilbar sei. Ich könne damit aufhören, von Arzt zu Arzt zu laufen. Auch würde ich nie mehr normal arbeiten gehen können. Ohne Umschweife eröffnete er mir, dass sich mein Zustand in den nächsten Jahren noch um einiges verschlimmern werde. Dies wirkte wie eine brutale Ohrfeige. Außer in der Orthopädischen Uniklinik Basel, wo ein Arzt nur andeutungsweise von Invalidität gesprochen hatte, war vorher kein Arzt so ehrlich mit mir gewesen. Nun bekam ich, neben einer intensiven Schmerztherapie und anderen Anwendungen, auch Gelegenheit, mit einem Psychologen Gespräche zu führen. Diese Prognose und die damit verbundene neue Lebenssituation musste ich erst einmal begreifen und nach und nach akzeptieren. Wie war das befreiend, über all die Ängste und Nöte mit einer außenstehenden Person sprechen zu können, ohne befürchten zu müssen, man belaste seine Nächsten allzu sehr! Zu Hause führte ich diese Gesprächstherapie noch drei Jahre weiter. Ein Schlüsselerlebnis für mein heutiges geistiges und seelisches Wohlbefinden war der Besuch des Krankenhauspfarrers.

Dieses Zusammentreffen war mir zuerst einmal sehr peinlich, denn ich musste gestehen, dass ich aus Scham über meine Scheidung seit Jahren der Kirche ferngeblieben war. Doch die Gespräche mit dem Pfarrer waren sehr gut und aufbauend. Er organisierte mir entsprechende Literatur, um mich wieder zur „Herde" zurückzuführen. Er verstand es auch, mich zum Kirchgang zu bewegen und so konnte ich wieder zu meiner früheren Kraftquelle, meinem Glauben an Gott, zurückkehren. Gott gibt mir Geduld, Durchhaltevermögen und Frieden mit mir selbst. Ohne Gottvertrauen, so bin ich überzeugt, wäre ich wohl irgendwann in der Psychiatrie gelandet. Der Glaube ist heilsam für mein Herz und meine Seele. So durfte ich langsam zu meinem früheren fröhlichen Wesen zurückfinden. Ich konnte wieder herzhaft lachen und das Leben mit all seinen Facetten annehmen. Besonders glücklich macht mich bis heute, wenn mir hin und wieder Engel in Menschengestalt gesandt werden. Oft suchte ich krampfhaft nach einer guten Lösung für ein Problem oder konnte mich meiner Schmerzen kaum mehr erwehren, da klingelte auch schon eine liebe Freundin an der Haustür. Mittlerweile trage ich eine Morphiumpumpe im Bauch, die computergesteuert kontinuierlich dieses Medikament abgibt und ich sitze im Elektrorollstuhl. Dennoch habe ich gelernt, mich wieder des Lebens zu erfreuen und dankbar für das zu sein, was ich noch machen kann, und nicht ständig um das zu trauern, was nicht mehr geht. Und doch denke ich noch heute hin und wieder: *Es wäre toll, mal wieder auf Skiern zu stehen ...*

Persönliche Fragen zum Nachdenken / Impulse zum Vertiefen

☞ Welche Sandkörner / Schmerzpunkte aus der folgenden Aufzählung kenne ich auch aus meinem Leben?

- körperlicher Schmerz, Krankheit, Behinderung, Unfälle, chronische Schmerzen
- Gewalt, Schläge, Missbrauch
- Verlust (Trennung, Scheidung, Tod)
- Demütigungen, seelische Verletzungen, Psychoterror
- Verletzende Worte / Ablehnung
- schwierige Ehe / Partnerschaft, Familienkonflikte, Streit
- Menschen, die einem das Leben schwer machen
- berufliche Probleme, Mobbing
- Ent-Täuschungen (Täuschungen)
- zu hohe Ansprüche an sich selbst und an andere, Perfektionismus
- Minderwertigkeitsgefühle; das Gefühl, nie zu genügen
- Ängste / Angst in bestimmten Situationen
- Hass, der schon ewig nagt, große Wut
- eigene Schuld; etwas, das schon jahrelang belastet und plagt
- nicht loslassen können: Vergangenheit, Kinder, eigene Vorstellungen
- Erinnerungen an die Kindheit, an etwas von früher, das man immer noch mit sich herumträgt

Welche Sandkörner / Schmerzpunkte sind bei mir vorhanden, die noch nicht erwähnt wurden?
Was hat sich angehäuft (Verletzungen, Enttäuschungen, Erfahrungen)?
Was nagt an mir und quält mich vielleicht schon jahrelang?
Was ist das Sandkorn, das mich am meisten plagt?

☛ Ich nehme mir nun Zeit, eines meiner Sandkörner genauer anzuschauen. Es ist hilfreich, sich nur auf ein Sandkorn bzw. einen Schmerzpunkt zu konzentrieren und nicht alle auf einmal vor Augen zu haben. Wenn das eine Sandkorn „bearbeitet" wurde, dann kann das nächste genauer angeschaut werden.

Ich nehme ein weißes Blatt und zeichne in die Mitte ein Sandkorn (einen Kreis).

Ich schreibe den Schmerzpunkt, der mir am meisten zu schaffen macht, in das gezeichnete Sandkorn.

„Mein" Sandkorn versuche ich nun kreativ / künstlerisch darzustellen, z. B. mit Ton oder Lehm, mit verschiedensten Farben oder Kohlestift, mit Bildern oder Materialien, die ich zu einer Collage zusammenfüge. Ich arbeite mit den Händen, mit den Augen, mit dem Herzen und drücke das aus, was in mir ist. Das Sandkorn nimmt Gestalt an.

Dann gebe ich meinem Kunstwerk einen Titel. Was drücke ich damit aus?

Was sagt mir das Gestaltete?

Nun wende ich mich wieder dem Sandkorn auf meinem Blatt zu und schreibe um es herum all meine Gefühle auf, meine Wut und Angst, meine Trauer und den Schmerz – ich schreibe alles heraus, was in mir ist.

Es tut gut, meinen wahren Empfindungen ins Gesicht zu schauen und mich ehrlich dem Schmerz zu stellen, auch wenn es im ersten Moment den Schmerz noch verstärkt.

☛ Es kann sein, dass manche Sandkörner die Frage in mir aufkommen lassen, wo denn Gott gewesen ist, als dies geschah, und warum er das alles zuließ und zulässt. Es kann auch sein, dass sich in mir Wut und Bitterkeit anstauen, dass mich unausgesprochene Fragen und Anklagen gegen Gott plagen.

Es hilft nicht viel, wenn ich all das unterdrücke und nach außen hin „fromm" und „demütig" erscheine, doch in Wirklichkeit ein wandelnder Dampfkochtopf bin. Für unseren Körper und für unser Inneres ist es gut, wenn die ganze Wut einmal ausgedrückt wird

– aber nicht, indem wir andere Menschen oder uns selbst verletzen, sondern in einer geeigneten Form – z. B. in einem Klagebrief / Klagepsalm an Gott.

In der Bibel finden wir zahlreiche Klagepsalmen und Klagelieder, die hemmungslos vor Gott zum Ausdruck gebracht wurden und werden. Menschen klagten Gott ihr Leid und ihre Rolle als Opfer, sie wetterten gegen ihre Feinde und wünschten sich Rache. Sie klagten so lange, bis eine Wende kam, bis sie Gott mit neuen Augen sahen, bis Frieden in ihr Herz einkehrte.

Es kann ein wichtiger Schritt (eine erste Schicht Perlmutt) auf dem Weg zur Perle sein, wenn wir selbst solche Klagelieder / Klagepsalmen schreiben.

Wenn wir noch nicht in der Lage sind, unsere Klage an Gott zu richten, besteht auch die Möglichkeit, eine Anklageschrift gegen das Sandkorn zu verfassen.

Ich komme mit meinem Sandkorn / Schmerzpunkt ins Gespräch – oder auch mit Gott, wenn mir dies möglich ist. Ich darf meine Wahrheit, meine Sicht der Dinge klagen, ich darf anklagen und fragen.

Eine weitere Möglichkeit besteht darin, Gott einen Brief zu schreiben. Ich verleihe meiner Sehnsucht Ausdruck und schütte mein Herz vor Gott aus. Dabei müssen wir kein schlechtes Gewissen haben, denn die Bibel macht uns sogar ausdrücklich Mut dazu, Gott gegenüber ehrlich zu sein. In Psalm 62,9 heißt es:

Hoffet auf Gott allezeit, liebe Leute,
schüttet euer Herz vor ihm aus;
Gott ist unsere Zuversicht.

GEBET

Du siehst mich an, Herr,
siehst tiefer.
Kennst meinen Schmerz,
auch den verborgenen.
Sende dein Licht und deine Wahrheit.
Das Dunkel meiner Seele kann dein Licht nicht verdunkeln.
Erbarme dich meiner Nacht.

Du siehst mich an, Herr,
siehst weiter.
Wo ich noch um mich selber kreise
und nichts wahrnehme als mein Sandkorn,
ist dein Perlmutt schon für mich bereit.

Du siehst mich an, Herr,
siehst mehr ... –
auch meine Tränen, meine Einsamkeit, meine Hoffnungslosigkeit.
Du hörst mir zu, Herr,
hörst genau ... –
auch meine stummen Schreie in der Nacht.
Du weißt um meine Fragen und Klagen,
mein Herz ist dir vertraut,
ist aufgehoben an deinem Herzen – ob ich's fühle oder nicht.

Du spürst den Schmerz, Herr,
leidest mit, fühlst dich ein.
Kein Leid, das du nicht kennst,
nicht selbst erlitten und durchlebt.
Du mit mir,
du, der sieht und hört, der spürt und weiß.
Du siehst mich an.

Der Kampf – mein Umgang mit dem Sandkorn

MUSCHELGESCHICHTE – Teil 2

Das Einzige, das Muriel geblieben war, war der bohrende Schmerz, die nagenden Fragen, die tiefe Verzweiflung und die Einsamkeit.

Muriel wusste nicht, wie lange sie dort unten in der Tiefe auf dem Meeresgrund gelegen hatte. Sie konnte weder Tag noch Nacht unterscheiden. Sie wusste auch nicht, was sie tun sollte, wie sie dem Schmerz ausweichen konnte, wer ihr helfen könnte. Sie überlegte hin und her, zwischendurch öffnete sie vorsichtig ein wenig ihre Schale und wollte um Hilfe rufen, doch sie gab schnell wieder auf. Wer sollte sie hier unten schon hören?

So versuchte sie, sich selbst zu helfen. Muriel drückte und presste, so fest sie konnte, gegen den spitzen Splitter, um ihn nach und nach aus ihrem Inneren zu drängen. Doch dieser schnitt ihr nur noch tiefer ins Fleisch.

Am liebsten hätte sie diesen verhassten Fremdkörper zermalmt – doch als Muschel waren ihr keine scharfen Zähne gegeben wie dem Hai oder Delfin. Sie hatte nicht einmal Arme wie der Krake, um den Feind zu packen und weit von sich zu schleudern.

Dann kam ihr der Gedanke, dass sie einfach versuchen könnte, den Splitter zu ignorieren, ihn gar nicht mehr zu beachten. Muriel versuchte zu vergessen. Sie lenkte sich ab, indem sie von den guten alten Zeiten mit ihren Freunden träumte. Dieses Träumen gefiel ihr, doch es hielt nicht lange an, denn der stechende Schmerz holte sie nur allzu schnell wieder in die trostlose Gegenwart zurück.

Dennoch versuchte sie, sich in dieser Dunkelheit immer wieder einzureden, dass es keinen Schmerz in ihrem Leben gab, dass da nichts war, was sie zerstören konnte, dass sie sich alles nur einbildete. Doch das Stechen und Pochen, Drücken und Klopfen in ihrem Inneren war so präsent, dass alles Leugnen nichts half.

$\longrightarrow$

Sie konnte bald an nichts anderes mehr denken als an ihren Schmerz, an diesen Splitter in ihrem Inneren, an die Zerstörung und an all das Elend, das ihr widerfahren war. Ihre Gedanken kreisten um ihr Schicksal, ihr Äußeres und Inneres waren voll und ganz auf den Schmerz fixiert. „Ich arme Muschel", jammerte Muriel und ihre Tränen vermischten sich mit dem Salzwasser, das sie umspülte ...

So versank Muriel im Selbstmitleid. Und wer hätte es ihr verübeln können.

Was kann so ein Sandkorn eigentlich alles bewirken?

Was könnte mit der Muschel passieren, die einen schmerzenden Fremdkörper in sich trägt, die durch ein grobes Sandkorn verletzt wird? Was könnte dieser Fremdkörper mit der Muschel machen? Er könnte verletzen, zerstören, kaputt machen, quälen ...

Und was könnte die Muschel machen, wenn alles möglich wäre?

- Sie könnte versuchen, sich vom Sandkorn zu befreien.
- Sie könnte es ignorieren.
- Sie könnte sich wehren und es abstoßen.
- Sie könnte seine scharfen Kanten „schleifen".
- Sie könnte mit dem Sandkorn „Freundschaft" schließen.
- Sie könnte versuchen, mit dem Sandkorn zu leben, es anzunehmen und das Beste daraus zu machen.
- Sie könnte über das Sandkorn hinauswachsen.
- Sie könnte sich ganz weit öffnen mit der Möglichkeit, das Sandkorn loszuwerden. Vielleicht wird es vom Meerwasser herausgespült.
- Sie könnte sich überfordert fühlen und aufgeben.
- Sie könnte sich vom Sandkorn zerstören lassen.
- Sie könnte das Sandkorn aufnehmen und mit Perlmutt umgeben.

Wenn ich das wieder auf mein eigenes Leben übertrage, so kann ich mich fragen, was mein Sandkorn bzw. meine Sandkörner bis jetzt mit mir machen konnten, was ich zugelassen habe und immer noch zulasse.

Lasse ich mich durch die Verletzungen und Schmerzpunkte in meinem Leben bestimmen, kaputt machen, verbittere ich darüber oder werde sogar krank? Mein Leben könnte sich so verändern, dass ich nur noch um das Sandkorn, um meine Verletzungen, Schmerzen und Probleme kreise. Es könnte passieren, dass ich alle und alles andere aus dem Blick verliere und in der Opferrolle versinke.

Die andere Frage ist, wie ich bis jetzt mit meinem Sandkorn umgegangen bin: Trifft das eine oder andere auf mich zu?

- Versuche ich, den Sandkörnern und Schmerzen auszuweichen oder sie zuzudecken mit Ablenkungen, Arbeit, Medikamenten?
- Versuche ich, die Sandkörner in meinem Leben zu verdrängen und vor ihnen davonzulaufen?
- Oder tue ich sogar so, als gäbe es keine Sandkörner und verschließe die Augen vor der Realität meines Lebens?
- Kreise ich immer wieder um meine Sandkörner und verharre in der Opferrolle – genieße ich sie sogar manchmal? Brauche ich das Sandkorn als Lebensinhalt, als Angelpunkt, um den sich mein Leben bewegt?
- Stelle ich mich den Sandkörnern / Schmerzpunkten und setze ich mich mit ihnen auseinander?
- Akzeptiere ich das Sandkorn und nehme es als Teil meines Lebens an, das im Moment so ist, aber nicht so bleiben muss?
- Kann ich vielleicht irgendetwas Positives an dem Sandkorn finden, z. B. dass es mich wachgerüttelt hat, mich an Tiefe gewinnen lässt, mich lehrt bewusster zu leben?
- Gibt es Möglichkeiten, mit meinem Sandkorn „Freundschaft" zu schließen, indem ich mit dem Sandkorn lebe, vom Sandkorn lerne und daran wachse?
- Habe ich den Mut, mich zur rechten Zeit und am rechten

Ort zu öffnen und mir alles von der Seele zu reden? Vielleicht verliert das Sandkorn dann seine Macht und wird „herausgespült"?

- Wo ist es hingegen dran, mich zu wehren, zu kämpfen, Nein zu sagen und der Zerstörung ein Ende zu setzen?
- Wo habe ich bis jetzt Trost und Hilfe gesucht und gefunden? Wo will ich noch suchen?
- Gibt es eine Möglichkeit, das Sandkorn mit Perlmutt zu ummanteln? Wenn ja, wie? Woher nehme ich das Perlmutt? Was könnte das Perlmutt in meinem Leben sein?
- Bin ich bereit, der Wahrheit meines Lebens – auch der des Sandkorns – ins Gesicht zu sehen und mich dieser Wahrheit zu stellen?

 PERLENZEIT

Persönliche Fragen zum Nachdenken / Impulse zum Vertiefen

☞ Ich lese mir in Ruhe die beschriebenen unterschiedlichen Wirkungen eines Sandkorns bzw. Schmerzpunktes durch und stelle mir folgende Fragen:

Was hat mein Sandkorn bis jetzt alles mit mir gemacht?
Was habe ich mit mir machen lassen / zugelassen?
Zerstört das Sandkorn, quält es, fügt es mir Schmerz zu, macht es mich aggressiv, verbittert, traurig, depressiv, wütend ... oder sitzt es so verborgen und tief, dass ich gar nicht drankomme?
Wie bin ich bisher mit dem Sandkorn umgegangen?
Was habe ich schon alles versucht?
Was davon hat geholfen / was nicht? Warum wohl?

Zwei Sandkorngeschichten

Elise, 42, erzählt:

Jetzt ist es genau drei Jahre her, als bei unserem damals 2-jährigen Sohn Moritz Muskel- und Weichteilkrebs diagnostiziert wurde. Wir akzeptierten die Diagnose von Anfang an: Es sind nicht immer die anderen, die ein behindertes oder krankes Kind haben – jetzt hatte es uns getroffen … Was mir jedoch in jener ersten so einsamen und gottverlassenen Nacht bewusst wurde, war die Tatsache, dass mein geliebtes, noch so kleines und fröhliches Kind ein Todesurteil bekommen hatte. Mein ganzes Dasein drehte sich nun darum, alles dafür zu tun, dass Moritz zu diesen 3 von 10 Kindern gehört, die diese Diagnose überleben. Mein größerer und sehr tapferer Sohn Raphael war damals 10 Jahre alt. Ich hatte Angst, dass er bei all unserer Sorge um Moritz untergehen könnte. Ich hoffte auf seine Stärke und unsere Verbundenheit, die wir in den Jahren zuvor erlangt hatten.

Moritz wurde mehrmals operiert, hatte 9 Chemotherapien in 9 Monaten und während 6 Wochen tägliche Protonenbestrahlung unter Vollnarkose durchzustehen. Aus dem so fröhlichen, unbeschwerten Kind wurde ein kleines Häufchen Elend – bleich, haarlos, mager. Mein Mann und ich wechselten uns dabei ab, ihn zu betreuen – voller Fürsorge, Liebe, Schmerz und dem Gefühl, ausgeliefert zu sein und doch nicht aufzugeben. Für mich waren die Gänge zum Krankenhaus, besonders die Abende vor einer neuen Chemotherapie die schlimmsten. Ich fühlte mich, als würde ich mein Kind „ausliefern". Ich bat Gott um Hilfe, dass er seine Engel schickt, die Moritz beistehen und uns alle beschützen. Ich habe damals auch zu Gott gebetet, er möge mir die nötige Kraft geben, die ich nicht hatte und die meine bisherige Vorstellungskraft von Mutterliebe bei Weitem überstieg. Manchmal schimpfte ich auch mit Gott. Wie konnte er zulassen, dass mein unschuldiges, bislang unversehrtes Kind dieses Schicksal tragen muss? Und wie konnte er wollen, dass mein organisiertes und geschäftiges Leben so durcheinandergeriet? Ich redete jeden Abend beim Einschlafen mit ihm, wie mit einem Freund, dem ich mein ganzes Leid, meine Hoffnung und meine Angst mitteilen kann.

Was mir in der schwersten Zeit geholfen hat, ist die Ruhe und Kraft meines Mannes gewesen, der immer für uns da war, der sich bei den Nachtwachen im Krankenhaus mit mir abgewechselt hat und der sich zu Hause um ein möglichst „normales" Familienleben bemühte. Gestärkt hat uns die Hoffnung, dass Moritz es schaffen wird und eines Tages wieder fröhlich und unbeschwert leben kann. Wir hatten diverse Hilfsangebote im Krankenhaus, von denen ich die Seelsorgerin am meisten schätzte. Mit ihr hatte ich gute Gespräche über das Leben, die Liebe, die Kraft.

Mir haben auch Menschen geholfen, die unverkrampft gefragt haben, was Moritz hat und wie es uns dabei geht. Eine Umarmung, eine Karte, Blumen, ein Hefezopf vor der Haustür … all das waren Zeichen, die mich spüren ließen: Wir sind nicht alleine. Und mir haben Freundinnen geholfen, die in Momenten meiner kraftlosen Verzweiflung ins Auto gestiegen und zu mir gefahren sind.

Ganz viele Leute haben uns auch über Dritte ausrichten lassen, dass sie an uns denken, dass sie für Moritz eine Kerze anzünden. Diese Verbundenheit hat uns sehr geholfen! Dennoch war uns zu jedem Zeitpunkt klar, dass wir die schlimmsten Momente sowieso alleine durchstehen müssen.

Zu Hause haben wir jedes Heimkommen gefeiert. Auch wenn es meist nur ein bis fünf Tage bis zum nächsten Krankenhausaufenthalt dauerte. Es war für uns wichtig, Moritz möglichst normal zu behandeln und ihn z. B. im Rosenbeet wühlen zu lassen (obwohl das mit nur geringen Abwehrkräften sehr riskant war). Mein Mann und ich setzten uns immer an den gleichen Platz in unserem Garten, wo wir uns einen Martini gönnten und dankbar waren, dass wir es bis hierher gut geschafft hatten. Es war rückblickend ein äußerst wichtiges Ritual, das uns sehr verband.

Zu Hause haben wir oft alle in einem Zimmer geschlafen. Raphael brauchte diese Nähe und die Geborgenheit zusätzlich zu dem herzlichen Interesse und der tragenden Freundschaft, die er von seinen Schulkameraden und Freunden erfahren hat.

Im schwierigsten ersten Jahr hatten wir auch Unterstützung in Form einer lieben Haushalthilfe. Das half uns sehr. Da gab es nun jemanden, der sich um uns kümmerte, ohne zu fordern. Es gab

Momente, da konnte ich kein Telefon mehr beantworten, keine Wäsche mehr aufhängen. Ich war zu schwach. Jeder Handgriff wurde zum Kraftakt – ich war von einer tiefen Erschöpfung wie gelähmt, die meine Gefühle für mich und meinen Körper hatte verstummen lassen. Trotzdem musste es weitergehen, irgendwie.

Gott hat uns – auch in Form seiner Engel – immer begleitet und geschützt, er war uns nah und wir sind unendlich dankbar dafür. Ich darf sagen, dass ich an einem Abend im Juli 2009 vor einer großen Operation bei Moritz wirklich eine ganz eigenartige Kraft und Ruhe gespürt habe. Ich weiß heute, dass an jenem Abend ganz viele unserer Freunde und Bekannten für uns eine Kerze angezündet und für uns gebetet haben. Noch heute zünden wir übrigens vor jedem bedeutenden Ereignis (meist in der Kirche) eine Kerze an und bitten Gott um seinen Schutz – ein wichtiger Moment für uns alle und besonders für Moritz.

Durch ein so einschneidendes Erlebnis rückt man ja immer auch in eine „Liga" auf, in der man mit Leidensgenossen sehr verbunden ist. So vieles, das vorher erstrebenswert schien, wird mit einem Mal unwichtig. Der Austausch mit anderen betroffenen Eltern hilft uns noch heute. Wir schätzen die Ehrlichkeit in den Gesprächen und das Gefühl, mit den Ängsten um einen Rückfall unseres Kindes nicht alleine zu sein. Die Veranstaltungen der Kinderkrebshilfe geben uns das Gefühl, gehalten zu sein. Sie tragen dazu bei, dass wir uns auch über Dinge freuen, die für die meisten „Unversehrten" gar nicht erwähnenswert sind.

Das Thema „Vom Sandkorn zur Perle" hat mir vor Augen geführt, welch gute, reiche und seltene Eigenschaften mir „mein Sandkorn" letztlich eröffnet hat. Ich kann nun meine schwierigen Erlebnisse und Aufgaben der letzten drei Jahre erst so richtig würdigen. Ich lerne anzuerkennen, dass wir als Familie trotz widriger Umstände die Nähe zueinander behalten haben. Ja, wir sind uns sogar viel näher gekommen. Natürlich wird der neu zu gestaltende Alltag nie mehr so sein wie zuvor. Demnach stellen meine Erfahrungen eine selten große Lebensbereicherung dar – eine Art „Lehre". Und jedes Mal, wenn Moritz krank ist und die alten Ängste wieder hochkommen, mache ich quasi eine Weiterbildung! Diese

Sichtweise hilft mir, die Schmerzen, die unsagbaren Ängste und meine Verletzlichkeit in Kraft zu verwandeln und zu akzeptieren, dass ich die weitere Entwicklung nicht voraussehen kann.

Ich mache heute, drei Jahre später, eine Therapie, um das Geschehene in Würde durchgehen zu können und der Anerkennung für mich selber Raum zu geben. Ich habe verstanden, dass es sehr viel Zeit braucht, um das Geschehene zu verarbeiten. Ich bin durch diese Erfahrung viel weicher, rücksichtsvoller, aufmerksamer und bedächtiger geworden. Der Schmerz in meiner Seele verwandelt sich in Reichtum. Ich kann heute mit Bedacht auswählen und entscheiden, was mir guttut. Ich spüre, dass (Mutter)liebe ein unermessliches Potential birgt. Die geschäftige und erfolgreiche Geschäftsfrau rückt in den Hintergrund, während sich ein wunderbarer Platz für etwas Neues vor und in mir auftut. Meine Perlenkette wird länger.

„Denn er hat seinen Engeln befohlen, dass sie dich behüten auf allen deinen Wegen.“ (Psalm 91,11)

Nach meiner Ausbildung arbeitete ich einige Jahre lang bei der „Gemeindepflege“ (Sozialstation). Auf einer Gemeinde-Freizeit lernte ich meinen zukünftigen Mann kennen. Zwei Jahre später verlobten wir uns, und ich dachte, es sei Gottes Wille, dass ich diesen Mann heirate.

Nach einiger Zeit merkte ich jedoch, dass irgendetwas mit meinem Mann nicht stimmte. Er war nicht wie andere, doch ich konnte es nicht benennen.

Die Ehe wurde für mich zu einem jahrzehntelangen Psychoterror und zugleich zu einer jahrzehntelangen „Psychologieschule“.

Meine Seele wurde immer wieder belastet durch Worte, die mein Mann sagte, durch seine negative Einstellung und Sichtweise. Er konnte sich nicht mit mir freuen, wenn ich mich freute. Die kleinste Freude vermieste er mir. Mit der Zeit kam ich mir vor wie im Gefängnis, im goldenen Käfig. Er kritisierte ständig an mir herum. Er konnte es nicht vertragen und nörgelte, wenn ich einmal ausging. Er wollte mich am liebsten immer bei sich behalten und kontrollieren. Für mich wurde dieses „Genörgel" mit der Zeit normal, und erst als mich jemand darauf ansprach, wurde mir die große negative Macht bewusst, die seine Worte auf mich ausübten. Wenn er Menschen kritisierte, die mir wichtig waren, fiel ich gefühlsmäßig in ein Loch, weil mich sein Verhalten so tief verletzte.

Jemand fragte mich einmal, ob mein Mann mich immer so kritisieren würde und wie ich das aushielte. Ich antwortete, dass es mit Gottes Hilfe schon irgendwie ginge. Die Dame meinte, sie könne das nicht einmal mit Gottes Hilfe – und sie war eine Diakonisse!

Es gab immer wieder Zeiten, in denen ich schier verzweifelte. Es dauerte auch nicht mehr lange, da hatte ich keine Lebensfreude mehr.

Nach 25 Jahren bekam ich eine schwere Depression. Ein Psychologe schlug eine endgültige Trennung von meinem Mann vor, doch es ging mir so schlecht, dass diese Trennung für mich zum unüberwindbaren Berg wurde, der mich lähmte. Ich war nicht fähig, eine Entscheidung zu treffen. Schließlich gab es eine Aussprache mit Personen meines Vertrauens und mit meinem Mann. Was ich mir wünschte? Weg von zu Hause – ohne meinen Mann!

So lebte ich zunächst bei drei verschiedenen Freundinnen. Bei der ersten weinte ich die ganze Zeit; bei der zweiten hatte ich Heimweh. Bei der dritten war ich in einer Phase angelangt, in der es mir schon wieder besser ging.

In dieser Zeit besuchten mein Mann und ich regelmäßig eine Ehetherapie.

Auf Empfehlung meiner Ärzte sollte jedoch zuerst meine Depression behandelt werden, bevor ich entschied, ob ich weiterhin mit meinem Mann zusammenleben könnte oder nicht. In dieser Zeit gab sich mein Mann viel Mühe und wir besuchten weiter die Ehetherapie.

Doch ein Klinikaufenthalt wurde für mich unumgänglich. Nach dem Klinikaufenthalt versuchte ich wieder, mit meinem Mann zu leben. Den Gedanken an eine konkrete Trennung hatte ich aufgegeben. Gut ging es mir in der Ehe jedoch trotz Lichtblicken, die es phasenweise gab, nach wie vor nicht.

Eine große Erleichterung war es für mich, als mir der Hausarzt eine Diagnose von der Krankheit meines Mannes mitteilte und diese Krankheit endlich einen Namen bekam – eine „narzisstische Persönlichkeitsstörung". Mein Mann selbst nahm überhaupt nicht wahr, wie er auf andere Leute wirkte.

Zeitweise hatten wir es auch schön zusammen. So half er mir immer wieder einmal im Haushalt. Aber es tat jedes Mal weh, wenn er durch seine Negativität alles, was wir in unserer Beziehung mühsam aufgebaut hatten, in kurzer Zeit wieder zerstörte.

Das Motto der letzten Jahre war für mich: „Ich kann nicht mehr, aber ich muss können."

Als mein Mann dann noch körperliche und altersbedingte Probleme bekam, zog er sich immer mehr zurück und verließ kaum noch das Haus.

Der Arzt schickte mich wiederholt in die Ferien, damit ich etwas Abstand bekam und mich erholen konnte – doch auch das wollte mein Mann wieder nicht zulassen. Ich habe sehr gelitten. Ich konnte mich noch nicht einmal auf die Ferien freuen, weil mein Mann ständig negativ darüber redete.

Schließlich musste ich meinen Mann einem Pflegeheim anvertrauen. Doch damit kam auch das schlechte Gewissen und das Mit-Leiden mit ihm. Ich versuche nun – wie schon immer während meiner schwierigen Ehezeit – mir das Gute und Schöne vor Augen zu halten, das ich jetzt erlebe, und mich über die neue Freiheit, die mir geschenkt wurde, zu freuen.

Was mich besonders ermutigte, war ein Brief einer Freundin, in dem sie u.a. schrieb: „Weißt du, du hast in deinem Leben – trotz eingesperrt zu sein – sehr viel von deinen Begabungen und von deiner Berufung ausgelebt. Du hast das Beste aus allem gemacht …"

Ich bin dankbar, dass Gott mir immer wieder eine barmherzige Liebe für meinen Mann geschenkt hat, die ich nicht von mir aus hatte!

Im Pflegeheim ist mein Mann jetzt mir gegenüber wie ein Lamm, was mir sehr guttut!

Umgang mit Sandkörnern in der Bibel

Wie reagierten z. B. Josef, Tamar, Hanna, Hiob und Maria auf ihre „Sandkörner"? Wie gingen sie damit um? Was unternahmen sie?

Josef verliert mit einem Schlag seine ganze Familie und Heimat. Er erlebt Gewalt und Demütigungen. Er muss als Sklave in einem fremden Land dienen. Sein Leben hat keinen Wert mehr in den Augen der Menschen – erst recht nicht als Gefangener des Pharaos.

Trotz all dieser Enttäuschungen und Ungerechtigkeiten sagt Josef die Wahrheit und bleibt realistisch. Er akzeptiert die Situation, in der er sich befindet, auch wenn dies nicht immer einfach ist.

Josef versucht, das Beste aus seiner Situation zu machen und an seinem Platz treu zu sein, in seinem Hier und Jetzt zu wirken. Er pflegt seine Gabe und Stärke, Träume zu deuten und nutzt diese – sogar im Gefängnis. Er lässt sich nicht von dem ihm widerfahrenen Unrecht und der Bitterkeit auffressen, sondern nutzt das Gute der jeweiligen Lage, in der er sich befindet.

Was kann ich von Josef für den Umgang mit meinem Sandkorn / meinem Schmerzpunkt lernen?

Hanna, die kinderlose Frau, bringt das Leid ihrer Kinderlosigkeit vor Gott. Sie sucht ihre Zuflucht bei der Stiftshütte, der Wohnung des Herrn. Sie streckt sich nach Gottes Nähe aus, weil sie merkt, dass auch ihr Mann ihr nicht wirklich helfen kann.

Hanna wendet sich in ihrer Not und Traurigkeit an Gott. Sie betet und bittet, weint und fleht. Sie schüttet ihr Herz vor Gott aus. (vgl. 1. Samuel 1,10-16)

Ist es mir möglich, mich wie Hanna direkt an Gott zu wenden, mein Herz vor ihm auszuschütten und ihm mein Leid zu klagen?

Tamars Geschichte endet traurig (2. Samuel 13). Tamar sagt Nein und will ihren Halbbruder überreden, David zu fragen, ob sie heiraten dürfen. Sie will ihn so an dieser Schandtat hindern: *„Nicht doch, mein Bruder, schände mich nicht, denn so tut man nicht in*

Israel. Tu nicht solch eine Schandtat! Wo soll ich mit meiner Schande hin? Und du wirst in Israel sein wie ein Ruchloser. Rede aber mit dem König, der wird mich dir nicht versagen.“ (2. Samuel 13,12.13) Direkt nach der Vergewaltigung wird Tamar von Amnon verstoßen. Sie hat den Mut, das Unrecht vor ihm anzusprechen: *„Dass du mich von dir stößt, dies Unrecht ist größer als das andere, das du an mir getan hast.“* (V.16) Tamar geht hinaus, zerreißt ihr Kleid, streut Asche auf ihr Haupt und geht laut schreiend davon. Doch ihr Bruder Absalom bringt sie schnell zum Schweigen: *„Ist dein Bruder Amnon bei dir gewesen? Nun, meine Schwester, schweig still; es ist dein Bruder, nimm dir die Sache nicht so zu Herzen.“* (V.20) Das ist leicht dahingesagt. Die Folge ist, dass Tamar im Haus ihres Bruders Absalom vereinsamt. Was bleibt, ist Zorn und Hass. Der Vater David wird zornig, als er von der Schandtat hört, aber er tut nichts – auch nichts Gutes an Tamar (V.21). Absalom beginnt, seinen Bruder wegen dieser Tat zu hassen und rächt sich zwei Jahre später an ihm (V.22-29): Er tötet ihn. Doch Tamar wird auch damit nichts Gutes getan. Sie ist zwar gerächt, bleibt aber nach wie vor einsam und beschämt. Das Einzige, was von ihr weiterlebt, ist ihr Name: Die Tochter von Absalom trägt den Namen ihrer Tante: Tamar. (2. Samuel 14,27).

Das Unrecht und Leid, das Tamar erfährt, schreit zum Himmel.

Finde ich mich in Tamar wieder? Falls ja, inwiefern? Wo ergeht es mir ähnlich?

TAMARS PSALM

Wo bist du, Gott,
wenn die Einsamkeit mich umgibt,
wenn Angst nach mir greift
und Schande mein Kleid ist?
Ich suche dich, doch ich kann dich nicht finden.

Wo warst du, Gott,
als ich versuchte, Nein zu sagen
und den Bedroher fernzuhalten?

Als er trotzdem nach mir griff
und mich zum Schweigen brachte,
war niemand da, der mir half
und meine Ehre rettete.

Wo warst du, Gott,
als ich bleiben
und das Beste daraus machen wollte?

Als er mich wegjagte
und die Türe hinter mir ins Schloss fiel,
war niemand da, der mir half
und meine Ehre rettete.

Wo warst du, Gott,
als ich meine Kleider zerriss
und meine Schande herausschrie?

Als dann einer kam
und nach der Wahrheit fragte,
brachte er mich zum Schweigen.

Wo warst du, Gott,
als sich die Tür für immer hinter mir schloss
und sich die Einsamkeit wie eine Decke über mich legte?

Wo warst du, als die anderen versuchten,
den Schein zu wahren
und ihre eigene Ehre zu retten –
nicht meine?

Wo wirst du sein, Gott,
wenn ich alt werde,
wenn die Einsamkeit mich umgibt
und ich in Angst und Schande warte?

Ich wartete auf dich,
ich warte auf dich
und ich werde warten,
bis du, Gott, kommst, um mir zu helfen
und meine Ehre zu retten.

Hiob (Hiob 1-2) nimmt das große Leid, das er erlebt, zunächst aus Gottes Hand an.

Er reagiert aus seinem Gottvertrauen heraus und ist überzeugt: *„Der Herr hat's gegeben, der Herr hat's genommen; der Name des Herrn sei gelobt!"* und *„Haben wir Gutes empfangen von Gott und sollten das Böse nicht auch annehmen?"* (Hiob 1,21; 2,10).

Schließlich bekommt er von seinen drei Freunden Besuch, die über das Elend von Hiob nur weinen, trauern und schweigen können. Sie nehmen Anteil an seinem Schmerz. Doch dann machen sie die ganze Situation nur noch schlimmer, indem sie Hiobs Glauben und Leben hinterfragen und bei ihm die Ursache für sein Leid suchen. Lange diskutieren sie mit Hiob, und Hiob versucht, sich zu rechtfertigen. Die Theorien und Weisheiten der Freunde prasseln auf ihn ein wie Ohrfeigen.

Was Hiob wirklich hilft, ist, dass er sich mit seinen Fragen direkt an Gott wendet. Er klagt, klagt Gott an, formuliert seine Fragen und spricht mit Gott ganz offen, so wie ihm gerade zumute ist. Er lässt nicht locker, bis er eine Antwort findet.

Ist es mir möglich, wie Hiob Gott meine Fragen zu stellen, meine Zweifel zu formulieren, offen und ehrlich vor Gott zu sein?

Und **Maria**? (Lukas 1,26-38) Sie tritt mit dem Engel, der zu ihr kommt, in einen Dialog, aber auch mit sich selbst. Sie stellt Fragen.

Wie soll das ihr Zugesagte Wirklichkeit werden? Wie soll so etwas Unglaubliches geschehen? Maria bekommt eine Antwort und Erklärung nach der anderen und schließlich die Ermutigung zum Vertrauen: *„Bei Gott ist kein Ding unmöglich."* (V.37)

Damit ist Marias Situation und die ihr drohende Gefahr jedoch nicht aus der Welt geschafft, doch mit dieser Zusage und mit dem *„Fürchte dich nicht"* des Engels fällt ihr die Entscheidung vielleicht leichter. Maria ringt sich zu einem Ja durch und nimmt, was ihr geschieht, von Gott an.

Kann ich ein Ja zu meiner Situation finden, auch wenn es mich viel kostet?

Der **Gelähmte** am Teich Bethesda (Johannes 5,1-18) ist unfähig, auch nur irgendetwas zu tun. Alleine kommt er nicht rechtzeitig ins heilende Wasser. Er hat keinen Menschen, der ihm hilft. Er wartet, doch nichts scheint sich zu ändern.

Was lähmt mich? Was macht mich unfähig zu handeln? Was hindert mich an einer Änderung meiner Situation?

Die **Frau**, die jahrelang unter **Blutfluss** leidet, geächtet und gemieden wird, trifft eine Entscheidung: Sie ergreift die Initiative und berührt mitten in der Menschenmasse das Gewand Jesu. Sie ist fest davon überzeugt, dass sich in ihrem Leben Grundlegendes ändern wird, wenn sie mit Jesus in Berührung kommt. In der Tat: Sofort wird sie geheilt. (Lukas 8,44) Doch hier ist die Geschichte noch nicht zu Ende ...

Wann entscheide ich mich? Wann ergreife ich die Initiative, damit sich etwas an meiner Situation ändert? Will ich, dass sich etwas ändert? Was will ich?

So viel schon versucht.
Gesucht und nicht gefunden.
SehnSUCHT verzehrt,
spornt an und hemmt zugleich.
Wohin mit dem Schmerz?
Ich flüchte – und nehme ihn doch mit.
Ich ignoriere – doch jeder Stich holt mich zurück.
Ich verleugne – doch mein Herz kennt die Wahrheit.
Ich tue als ob – und bleibe doch ich selbst.
Ich drehe mich im Kreis – und zergehe im SelbstmitLEID.
Ich …
Heilung gesucht,
so viel schon versucht,
an allen Orten,
auf alle Weisen,
und nicht gefunden.
Was noch?
Sollte da wirklich einer sein, der heilen kann?
Sollte es tatsächlich etwas geben, das helfen kann?
Sollte es diesen Ort geben, wo die Flucht beendet,
die Lüge verstummt,
meine Suche findet und mein Herz zur Ruhe kommt?

Mein Sandkorn und ich –
die Entscheidung

ICH LASSE LOS

So lange gekämpft
mit aller Kraft
mit allen Mühen.

So lange gesucht
nach Möglichkeiten,
mich zu schützen,
mich zu verschließen
wie eine Muschel.
Vergeblich.

So lange gekämpft,
vergeblich versucht
ihn loszuwerden,
ihn wegzudrängen,
ihn zu verdrängen,
ihn auszustoßen,
nicht mehr zu beachten –
den bohrenden Schmerz.

Er blieb.
Hartnäckig.
Überrollte mich wieder und wieder,
einer Welle gleich.

Eingeholt von der Wirklichkeit,
brach die Verzweiflung über mir zusammen,

wirbelte alles wieder auf,
was so mühevoll vergraben war.

So lange gekämpft
mit aller Kraft
mit allen Mühen.

Und nun am Boden der Realität,
meiner Grenzen,
meiner Schwachheit,
meiner Zweifel,
meiner Verzweiflung,
meines Da-Seins.

Ich kann nicht mehr.
Ich kämpfe nicht mehr dagegen an.
Ich lehne mich nicht mehr auf.

Ich lasse los:
meine Stärke, meine Maske, meine Fragen ...
mich, so wie ich bin,
und vertraue mich dem Größeren an.

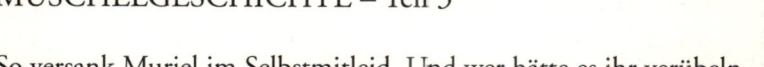

MUSCHELGESCHICHTE – Teil 3

So versank Muriel im Selbstmitleid. Und wer hätte es ihr verübeln können?

Die Zeit verging. Doch sie heilte die Wunde in Muriel nicht. Der Schmerz war noch immer da, bohrte und stach in ihrem Inneren.

Muriel war verzweifelt. Mit der Zeit entstand noch ein anderes Sandkorn in ihr: die Bitterkeit. Dieses Sandkorn war fast noch schlimmer als das andere, denn es fraß sich nicht nur in ihr Fleisch, sondern in ihr Herz und versuchte, sich dort einzunisten.

Muriel konnte zuerst den alten Schmerz nicht von diesem neuen

Schmerz unterscheiden, doch nach und nach merkte sie, dass sich etwas in ihr veränderte. Nun war es nicht nur dunkel um sie herum, sondern es wurde auch immer dunkler in ihr – schwärzer als die Nacht.

Eines Tages traf sie eine Entscheidung:

So konnte und wollte sie nicht mehr weiterleben. Das war kein Leben mehr. Wo war ihre Freude und Dankbarkeit geblieben, ihr Lachen und ihre Zufriedenheit? Wo waren die fröhlichen Zeiten vergangener Tage? Wo waren ihre Freunde?

So konnte und durfte es nicht mehr weitergehen. Muriel rief, so laut sie konnte, in die Dunkelheit hinaus: „Ich will leben!"

Muriel spürte dem Fremdkörper nach, nahm seine Größe wahr, auch die Ecken und Kanten, die Spitzen und die glatten Stellen. Sie achtete darauf, wo der Schmerzpunkt in ihrem Körper saß. Sie hörte auf, ihn zu bekämpfen, zu ignorieren oder ständig darum zu kreisen.

Nun bemerkte sie auch, was ihr nicht wehtat, wo es ihr gut ging, was sie alles noch konnte und hatte. Sie nahm verstärkt wahr, was um sie herum geschah. Langsam gewöhnten sich ihre Muschelaugen an die Finsternis und sie lernte, mit ihren inneren Augen zu sehen.

Tag für Tag lebte die Muschel Muriel achtsam und aufmerksam – und eines Tages merkte sie, dass der schlimmste Schmerz in ihrem Inneren nachgelassen hatte, und dass etwas anders geworden war. Der Fremdkörper hatte seine scharfen Kanten und Spitzen verloren. Er war glatter geworden ...

„Die Wahrheit wird euch frei machen!"

Grundsätzlich macht die Wahrheit frei.

Wenn ich der Wahrheit meines Lebens – auch der Wahrheit meines Sandkorns / meines Schmerzpunktes – ins Auge blicke und mich dem stelle, was wirklich da ist, dann ist das der erste Schritt auf dem Weg zur Perle. Durch Leugnen, durch Flucht oder Verdrängung gebe ich dem Sandkorn nur noch mehr Kraft, weiter zu bohren und zu schmerzen.

Jesus sagt selbst: „*Wenn ihr bleiben werdet an meinem Wort, so seid ihr wahrhaftig meine Jünger und werdet die Wahrheit erkennen, und die Wahrheit wird euch frei machen.*" (Johannes 8,31f)

Die Wahrheit ist zunächst einmal Gottes Wort. Sie ist das, was er über sich selbst mitteilt –, wie er ist und was er will –, aber auch, was er über mich denkt und sagt, wie er mich sieht und was er mir zusagt. Und diese Wahrheit beinhaltet nicht nur das Schöne, Gute oder ein Idealbild von mir, sondern ebenso meine Realität.

Erst wenn ich mich auch der Realität über mich selbst stelle, kann ich frei werden.

Es geht letztendlich darum, die Wahrheit meines Lebens vor Gott und vor mir selbst zu erkennen, zuzulassen und sie als wahr anzunehmen.

Vor jeder Veränderung ist dies der erste Schritt, der meinen Willen und meine Entscheidung fordert.

Eigentlich geht es um die Frage: Will ich loslassen? Will ich wirklich „heil" werden? Will ich, dass etwas Neues beginnt?

Jesus fragte die Menschen, die *eigentlich* geheilt werden wollten, ob sie auch *tatsächlich* gesund werden wollten. Sie durften frei entscheiden. Er fragte den Gelähmten: Willst du gesund werden? Dieses „gesund" bedeutet vom Urtext her auch „wohl-lebend". Jesus fragte ihn somit: „Willst du, dass dein Leben eine neue Qualität bekommt? Willst du wahr, ehrlich, echt, heil, frei werden?"

Ein anderes Mal fragte Jesus einen Blinden (Lukas 18,41): Was soll ich dir tun? Was soll ich an dir be-wirken, vollbringen? Wohin soll ich dich in deinem Leben führen? Zu welchem Menschen soll ich dich machen? Das griechische Wort für „machen" hängt auch mit zusammenfügen, bauen zusammen. Jesus fragte den Mann also sinngemäß: „Was in deinem Leben soll ich wieder zusammenfügen, wieder aufbauen oder neu bauen?"

Und wenn Jesus uns diese Fragen stellt, wie antworten wir darauf?

Persönliche Fragen zum Nachdenken / Impulse zum Vertiefen

☞ Jesus fragt mich persönlich: Willst du gesund werden?

Ich mache eine Fantasiereise mit meinem Sandkorn:

Ich sehe mich und mein Sandkorn. Dieses Sandkorn tut mir weh. Wochenlang, monatelang, jahrelang, vielleicht mein Leben lang hat es Raum in mir eingenommen, hat mir Lebensfreude und Lebenskraft geraubt.

Schon so lange sehne ich mich danach, dass ich wieder richtig leben, atmen und mich freuen kann.

Ich sitze da und warte.

Manchmal lähmt mich das Sandkorn. Dann bin ich gar nicht mehr fähig, richtig zu denken. Ich bin kaum dazu in der Lage, etwas zu tun. Alles fällt mir so schwer.

Manchmal bin ich nur am Weinen, weil alles so wehtut, und weil der Schmerz wieder in und an mir nagt und zehrt.

Das Sandkorn wirbelt auch Wut und Aggression in mir auf. Ich denke und sage dann Sachen, die ich eigentlich nicht sagen will. Ich tue Dinge, die ich hinterher bereue.

Ich sitze da und warte. Aber worauf warte ich eigentlich?

Ich spüre die Sehnsucht in mir, dass sich endlich etwas ändert. Aber ich ahne auch, dass es sehr schwierig und anstrengend werden wird. Wie soll ich es überhaupt anfangen?

Auf einmal kommt jemand. Ich weiß, dass es Jesus ist. Er kommt direkt auf mich zu. Er bleibt vor mir stehen und sieht mich an. Er blickt in mein Innerstes und sieht, wie es mir wirklich geht – hier und jetzt. Er sieht meinen Schmerz, meine Verletzungen, die wunde Seele. Er sieht die Wut und Aggressionen, ja auch den Hass in mir – doch er verurteilt mich nicht. Jesus sieht mein Sandkorn, den wunden Punkt.

Und dann fragt er mich ganz persönlich: Willst du gesund werden? Willst du, dass sich etwas ändert? Darüber hinaus stellt Jesus noch eine weitere Frage: Was soll ich für dich tun?
Und ich antworte ihm.

Ich nehme mir Zeit und formuliere die Antwort in einem Brief an Jesus.

☞ Will ich? Was will ich?

Jesus fragt mich:

_____ (ich setze meinen Namen ein), *willst du, dass etwas Neues in deinem Leben beginnt, dass dein Leben eine neue Qualität bekommt? Willst du, dass aus deinem Schmerzpunkt etwas Kostbares entsteht?*

1. Will ich überhaupt?

Jesus fragt auch mich: „Willst du gesund werden?"
Natürlich, ist doch klar, denke ich. Aber wenn ich genauer darüber nachdenke, merke ich: Wenn man schon so lange an etwas leidet, ist es gar nicht so einfach, etwas zu ändern, denn das hat möglicherweise große Folgen (für den Alltag, für Beziehungen, Verantwortung übernehmen).

Will ich? Will ich, dass sich etwas ändert? Wenn ja, was?

Die Heilung eines Kranken am Teich Betesda (Johannes 5,1-9)
Danach war ein Fest der Juden, und Jesus zog hinauf nach Jerusalem. Es ist aber in Jerusalem beim Schaftor ein Teich, der heißt auf Hebräisch Betesda. Dort sind fünf Hallen; in denen lagen viele Kranke, Blinde, Lahme, Ausgezehrte. Es war aber dort ein Mensch, der lag achtunddreißig Jahre krank. Als Jesus den liegen sah und vernahm, dass er schon so lange gelegen hatte, spricht er zu ihm: Willst du gesund

werden? Der Kranke antwortete ihm: Herr, ich habe keinen Menschen, der mich in den Teich bringt, wenn das Wasser sich bewegt; wenn ich aber hinkomme, so steigt ein anderer vor mir hinein. Jesus spricht zu ihm: Steh auf, nimm dein Bett und geh hin! Und sogleich wurde der Mensch gesund und nahm sein Bett und ging hin.

2. Was will ich?

Jesus fragt auch mich: „Was willst du, dass ich für dich tun soll? Was soll ich dir tun? Was soll ich an dir be-wirken, vollbringen? Wohin soll ich dich in deinem Leben bringen? Zu welchem Menschen soll ich dich machen / was willst du mit meiner Hilfe verändern?"

Was antworte ich auf diese Fragen?

Ich nehme mir Zeit, um darüber nachzudenken und die Fragen für mich persönlich zu beantworten.

Die Heilung eines Blinden bei Jericho (Lukas 18,35-43)

Es begab sich aber, als Jesus in die Nähe von Jericho kam, dass ein Blinder am Wege saß und bettelte. Als er aber die Menge hörte, die vorbeiging, forschte er, was das wäre. Da berichteten sie ihm, Jesus von Nazareth gehe vorbei. Und er rief: Jesus, du Sohn Davids, erbarme dich meiner! Die aber vornean gingen, fuhren ihn an, er solle schweigen. Er aber schrie noch viel mehr: Du Sohn Davids, erbarme dich meiner! Jesus aber blieb stehen und ließ ihn zu sich führen. Als er aber näher kam, fragte er ihn: Was willst du, dass ich für dich tun soll? Er sprach: Herr, dass ich sehen kann. Und Jesus sprach zu ihm: Sei sehend! Dein Glaube hat dir geholfen. Und sogleich wurde er sehend und folgte ihm nach und pries Gott. Und alles Volk, das es sah, lobte Gott.

Eine Sandkorngeschichte

Eine Frau leidet schon beinahe zehn Jahre lang unter chronischen Schmerzen, die sie Tag und Nacht plagen. Sie erzählt von sich selbst und ihrem Sandkorn:

„Ich hatte wenig Selbstvertrauen, war im Grunde genommen dauernd deprimiert und freudlos. Ich hatte meinen Kolleginnen gegenüber Schuldgefühle, war ständig überfordert und musste schließlich meine Arbeit aufgeben. Ich war gereizt und unzufrieden. Irgendwann resignierte ich und zog mich zurück. Ich hatte bald keinen Kontakt mehr zu meinen Freunden, obwohl mein Kreis an Kolleginnen, Freunden und Bekannten sehr groß war. Ich nahm Medikamente, wollte aber nichts verändern und versank im Selbstmitleid, weil mich die Schmerzen Tag und Nacht mürbe machten. Der Schmerz war dauernd im Zentrum meines Lebens und lähmte mich. Anstatt mir zwischendurch etwas Gutes zu tun, verkroch ich mich.

Oft konnte ich nachts nicht schlafen und am Morgen fiel es mir schwer, aufzustehen. Ich benötigte viele Medikamente, die mich aber müde machten. Ich war niedergeschlagen und „schonte" mich nur noch mehr. Ich ging kaum ins Dorf, auch nicht zum Einkaufen. Auch rings ums Haus herum ließ ich mich kaum noch blicken. Ich hatte keine Freude mehr und mochte nichts unternehmen – nicht einmal zum Lesen konnte ich mich überwinden.

Doch zugleich schlummerte in mir die Sehnsucht, gesund und zufrieden zu sein. Ich hoffte zwar, dass es besser mit mir werden würde, aber im Grunde genommen glaubte ich selbst nicht daran.

Auch das Verhältnis zu meinem Mann war sehr angespannt. Er drängte mich seit längerer Zeit, etwas in Bezug auf meine Schmerzen zu unternehmen, doch ich blieb stur und sagte einfach, dass es Schlimmeres gäbe. Ich wollte nicht wirklich etwas verändern.

Auf einmal erkannte ich jedoch, dass mein Mann mich nur aus seiner großen Liebe heraus, die er für mich empfand, drängte. Er machte sich Sorgen um mich. Diese Einsicht meinerseits entspannte unsere Beziehung fürs Erste und wir unternahmen wieder mehr gemeinsam. Auch brachte ich mich verstärkt dort ein, wo ich gebraucht wurde. So bekam mein Tagesablauf erneut eine gewisse Struktur und ich schöpfte frische Hoffnung.

Schließlich entschied ich, dass ich mich endlich meinem Sandkorn stellen würde. Über einen Zeitraum von einigen Wochen beschäftigte ich mich intensiv mit meinem Thema. Diese Zeit trug endgültig dazu bei, dass ich nun „wohl-leben" darf.

Mein Sandkorn, der chronische Schmerz, ist im Begriff, eine Perle zu werden! Angeregt durch die Geschichte von der Heilung des Kranken am Teich Betesda (Johannes 5,1-6) fragte ich mich selbst, ob ich überhaupt gesund werden und etwas in meinem Leben verändern wollte – und wenn ja, was? Nach einiger Zeit konnte ich mit Überzeugung antworten: Ja, ich will gesund werden! Ich will meine Probleme und meine Schmerzen bei Gott ablegen. Ich will heil werden an Leib und Seele. Mein Leben soll eine neue Qualität bekommen. Ich will mir helfen lassen und weniger Medikamente einnehmen. Dies war für mich der eigentliche Wendepunkt. Mir wurden Ermutigungen in Form von tröstenden Gebeten und einer Krankensalbung zuteil, die für mein Leben sehr kostbar sind:

„Ich bin der Herr, dein Arzt", sagt Gott. (2. Mose 15,26) Dieser Zuspruch begleitete mich auch zu einer erneuten Operation und ließ mich ruhig bleiben. Ich bin nun voller Hoffnung.

Mein Wunsch ist es nach wie vor, dass ich gesund werde und eine möglichst schmerzfreie Beweglichkeit erreiche, doch viel wichtiger ist mir der Glaube an Gott.

Gott schenkte mir in Bezug auf meinen Schmerzpunkt bzw. mein Sandkorn Gelassenheit und den Willen, etwas zu verändern. Ich darf mich darin üben, meine Schmerzen immer wieder Gott zu überlassen. Dann kehren Freude und Selbstvertrauen zurück.

Erfreulich ist für mich, dass andere und auch ich selbst wahrnehmen dürfen, wie ich zu einer fröhlichen, zufriedenen und beweglichen Ehefrau, Mutter und Großmutter werde!

Es war dringend notwendig – not-wendend! – mich mit meinem Sandkorn genauer zu befassen: meine Lebensqualität und unsere Ehebeziehung haben sich dadurch grundlegend verändert und verbessert!

JA, ICH WILL
nicht mehr wegschauen,
nicht mehr verleugnen, verdrängen, verdrehen,
nicht mehr verharmlosen, verbergen, verdecken
das Verschleierte, Verdunkelte, Verschwommene, Unklare.

Ja, ich will
hinschauen, mit offenen Augen,
ans Licht kommen lassen, was im Dunkeln ist,
eingestehen, dazu stehen und einsehen.
Ja, ich will meiner Wahrheit ins Gesicht sehen
und Ihm – der Wahrheit in Person.
Ja. Ich sage Ja.
Es ist, wie es ist. Es ist mir geschehen.
Es gehört dazu und ist Teil meiner Geschichte.
Dies akzeptiere ich.
Und doch muss es nicht bleiben, wie es ist,
muss ich nicht bleiben, wie ich bin – nicht armer Tropf,
nicht ewiges Opfer,
muss ich nicht zerfließen im Selbstmitleid
noch im Meer der Tränen untergehn.
Ja, ich will
wahr-nehmen und annehmen,
weil du mich
wahr-nimmst und annimmst
Du, die Wahrheit in Person.

Perlmutt –
kostbare Ressource

MUSCHELGESCHICHTE – Teil 4

Tag für Tag lebte die Muschel Muriel achtsam und aufmerksam – und eines Tages merkte sie, dass der schlimmste Schmerz nachgelassen hatte, und dass etwas anders geworden war. Der Fremdkörper hatte seine Spitze verloren. Er war glatter geworden.

Die Muschel konnte wieder besser atmen und sich vorsichtig bewegen, langsam, Stück für Stück.

Eines Nachts träumte sie von einem Gespräch zwischen sich und ihrem Schmerzpunkt. Sie hörte, wie dieser ihr sagte: „Manchmal machen uns schwierige Situationen stark, wenn wir durchhalten. Mitunter werden wir durch sie belastbarer, authentischer, tiefer, offener und verständnisvoller. Manchmal können wir erst dank unserer Schmerzpunkte andere von Herzen verstehen, mit ihnen mitfühlen oder ihnen gar helfen. Am Anfang können wir uns nicht vorstellen, wie wir die ganze Sache überleben oder durchstehen sollen, woher wir die Kraft nehmen können und wie wir alles ertragen sollen. Spüre einmal in dich hinein und lass dich von dem überraschen, was du alles in dir trägst, Muriel. Warte noch ein wenig, halte durch und du wirst staunen, vielleicht sogar wahre Wunder mit mir erleben ...“

Als Muriel erwachte, spürte sie neuen Mut in sich, sie schöpfte Hoffnung und fühlte sich gestärkt. Mit der Zeit entdeckte sie ungeahnte Kräfte in ihrem Inneren und fühlte neuen Lebenssaft in sich.

Nach und nach wurde es heller in und um Muriel.

Perlmutt als Eigenressource der Muschel

Nicht nur das Sandkorn hat einen Effekt auf die Muschel. Auch die Muschel hat Möglichkeiten, mit dem Fremdkörper etwas zu machen, um sich zu schützen und nicht verletzt zu werden. Die Muschel hat Ressourcen. Sie hat Perlmutt, das sie Schicht für Schicht um das Sandkorn legt, um es unschädlich zu machen. So entsteht eine einzigartige Perle.

Eine natürliche, echte Perle beginnt ihr Dasein als Fremdkörper, zum Beispiel als Parasit, Insekt, winziger Gegenstand oder sogar als Splitter der eigenen Muschelschale, der zufällig ins Innere der Muschel gelangt und nicht ausgeschieden wird. Um sich vor diesem Gegenstand zu schützen, ergreift das Innere der Muschel Gegenmaßnahmen: Weil der fremde Gegenstand den weichen Körper der Muschel verletzen könnte, hüllt diese den scharfen, schmerzenden Eindringling aus Notwehr in ihre glatte Perlensubstanz ein. Solange der Fremdkörper in ihrem Inneren bleibt, scheidet die Muschel weiter Perlmutt aus, das Schicht um Schicht aufgebaut wird. Nach einigen Jahren ist der Gegenstand völlig ins Perlmutt eingebettet.

Das Ergebnis ist faszinierend – ein Geheimnis der Natur:

Während sich die Muschel eigentlich nur vor einem Fremdkörper schützen will, formt sie eine schimmernde, wertvolle Perle – und gibt uns gleichzeitig ein Beispiel, wie wir mit bedrohlichen, schmerzenden Fremdkörpern in unserem Leben umgehen können.

 PERLENZEIT

Fragen zum Nachdenken / Impulse zum Vertiefen

☞ Wenn ich mich mit der Muschel vergleiche, stellt sich mir die Frage, welche Möglichkeiten ich habe, um dem Schmerzhaften, den Verletzungen, den Verlusten in meinem Leben zu begegnen und mit ihnen so umzugehen, dass sie mich *nicht* kaputt machen!? Wie könnte ich aus dem Schwierigen sogar Gutes werden lassen?

Was war mir bis jetzt trotz meiner schmerzenden Sandkörner im Leben möglich oder vielleicht sogar erst dadurch? Welche Stärken und Fähigkeiten habe ich durch den Schmerzpunkt entwickelt und trainiert?

☞ Meine Ressourcen im Umgang mit dem Sandkorn:
Welche Ressourcen habe ich? Welches Potential hat Gott in mich hineingelegt? Was hilft mir?
Welches sind meine Stärken und Möglichkeiten, die mir helfen, mit Schwierigkeiten umzugehen, damit aus meinem Sandkorn eine Perle werden darf?

☞ Mein Perlmutt in mir:
Wo / was ist mein Perlmutt? Woraus besteht es?
Wie sieht es mit meinen Ressourcen, mit meinem Perlmutt aus? Was könnte das sein? Was ist mir schon gegeben?
Wo liegt mein Potential? Wo tanke ich auf? Was motiviert mich?
Was hilft mir in schwierigen Situationen (vielleicht mit Menschen, bei Freunden, in der Familie, im Beruf, in Gruppen oder alleine, beim Reden oder Schweigen und Nachdenken, auf Reisen, in der Natur, im Garten, mit Pflanzen, bei Tieren, beim Schreiben, Lesen oder Malen; in der Musik; im Sport, in der Stille, im Glauben an Gott, ...

☞ Mein Perlmutt:
Welche Ressource ist für mich persönlich am wichtigsten? Ich schreibe sie auf.
    Dann komme ich mit Gott über das ins Gespräch, was ich wahrgenommen habe.

Biblische Beispiele, wie aus Sandkörnern Perlen wurden

Josef (1. Mose 37,39-50) hält aus und hält durch. Er bleibt bei der Wahrheit und bleibt an seinem jeweiligen Platz treu. Er akzeptiert seine Situation und macht das Beste daraus. Er pflegt seine Gaben; er lässt sich nicht vom Unrecht auffressen; er verbittert nicht.

In der ganzen Josefgeschichte taucht immer wieder ein Satz auf, der letztlich für Josef zum Perlmutt wird, das ihm hilft, mit seinen Schmerzpunkten so umzugehen, dass sie ihm und seiner Familie zum Segen werden:

„Und der Herr war mit Josef, sodass er ein Mann wurde, dem alles glückte. Und sein Herr sah, dass der Herr mit ihm war; denn alles, was er tat, das ließ der Herr in seiner Hand glücken, sodass er Gnade fand vor seinem Herrn ..." (Genesis 39,2-4)

Als Sklave im Haus seines Herrn erlebt Josef, dass Gott ihm Gelingen schenkt und ihn segnet. Gott ist mit Josef – das ist die Grundlage für sein Perlmutt. Gott hilft ihm auch, dass er geradlinig bleibt und seine Grenzen wahrt, obwohl ihn dies noch tiefer ins Unglück stürzen wird, wie es zunächst scheint ...

Weil Josef sich weigert, mit der Frau seines Herrn ein Verhältnis einzugehen, verbreitet die Frau Lügen und stellt Josef als Lüstling dar, der sie vergewaltigen wollte. So kommt Josef ins Gefängnis. Nun hätte er verzweifeln und an allem, was er bis jetzt an Verletzungen und Demütigungen erlebt hatte, zerbrechen können, doch wieder wirkt Gottes Perlmutt an ihm:

„Aber der Herr war mit ihm und neigte die Herzen zu ihm und ließ ihn Gnade finden vor dem Amtmann über das Gefängnis, sodass er ihm alle Gefangenen im Gefängnis unter seine Hand gab und alles, was dort geschah, durch ihn geschehen musste. Der Amtmann über das Gefängnis kümmerte sich um nichts; denn der Herr war mit Josef, und was er tat, dazu gab der Herr Glück." (Genesis 39,21-23)

Josef erlebt trotz seines Leides seinen Gott als den Gott, der nahe ist, der mit ihm ist. Und das ist auch der Name von Gott – „Jhwh" (Herr), der bedeutet: Ich bin da, ich bin bei dir, ich bin für dich und ich bin für dich da!

Schließlich schenkt Gott Josef die Möglichkeit, dem Pharao seine Träume zu deuten. Josef steigt nun in kürzester Zeit vom niedrigsten zum zweithöchsten Mann in Ägypten auf.

Josef macht aus seiner schwierigen Situation durch seine Ressourcen etwas Gutes. Er kann sogar noch politisch und wirtschaftlich Einfluss nehmen und rettet schließlich ein ganzes Volk vor dem Hungertod – auch seine eigene Familie.

Er hilft seinen Feinden – seinen eigenen Brüdern –, und vergibt diesen schließlich all das Unrecht, das sie ihm angetan haben, obwohl er es ihnen zunächst nicht einfach macht. Es ist jedoch wichtig, sich an dieser Stelle bewusst zu sein, dass Josef dies nicht innerhalb von wenigen Monaten tat, sondern dass inzwischen über zehn Jahre vergangen waren. (*Siehe Exkurs zum Thema Vergebung auf Seite 79*)

Am Schluss kann Josef zu seinen Brüdern sagen: *„Ihr gedachtet es böse mit mir zu machen, aber Gott gedachte es gut zu machen!"* (1. Mose 50,20)

Kann ich glauben, dass Gott gute Gedanken für mein Leben hat – trotz der Erfahrung von Leid?
Ich nehme mir in den nächsten Tagen Zeit, die Familiengeschichte rund um Josef selbst nachzulesen. (Genesis 37.39-50)

Nachdem **Hanna** Gott ihr Herz wegen ihrer Kinderlosigkeit ausgeschüttet hat und Gott ihren ganzen Kummer, ihre Not und die Sehnsucht nach einem Sohn geklagt hat, bekommt sie durch den Priester Eli eine Zusage von Gott. Er sagt zu ihr: *„Geh hin mit Frieden; der Gott Israels wird dir die Bitte erfüllen, die du an ihn gerichtet hast."*

Diese Zusage ermutigt Hanna, sodass sie fröhlich und hoffnungsvoll zu ihrem Mann zurückgehen kann. (1. Samuel 1,15-18)

Wie hat Gott mich schon durch andere Menschen ermutigt? Welche Zusagen habe ich bekommen? Was hat mir Mut gemacht?

Nachdem **Hiob** Gott seine Fragen gestellt hat, bekommt er von Gott eine persönliche, not-wendende Antwort, die ihm unter die Haut geht. Gott antwortet Hiob zweimal aus dem Wettersturm und stellt ihm eine Reihe von Fragen, auf die Hiob keine Antwort findet.

Es lässt sich schwer in Worte fassen, was genau in Hiobs Innerstem vor sich geht, doch letztlich beugt sich Hiob unter Gottes mächtige Hand – er überlässt sich diesem Größeren und vertraut sich ihm an.

In seinem ganzen Ringen mit der Theologie seiner Freunde und mit Gott hat Hiob überwältigende Herzenserkenntnisse.

Zu Beginn äußert er seine Sehnsucht, Gott zu sehen, und drückt eine tiefe Ahnung aus: *„Aber ich weiß, dass mein Erlöser* (mein persönlicher Anwalt) *lebt. Und ist meine Haut noch so zerschlagen und mein Fleisch dahingeschwunden, so werde ich doch Gott sehen. Ich selbst werde ihn sehen, meine Augen werden ihn schauen und kein Fremder. Danach sehnt sich mein Herz in meiner Brust.“* (Hiob 19,25-27)

Diese Sehnsucht Hiobs wird gestillt, denn er hat eine lebenswendende Begegnung mit Gott und sagt von sich: *„Ich hatte von dir nur vom Hörensagen vernommen; aber nun hat mein Auge dich gesehen.“* (Hiob 42,5) Mit welchem Auge Hiob Gott gesehen hat, wissen wir nicht – vielleicht mit seinem Herzensauge!

Schließlich erlebt er Gott als seinen Erlöser, als einen Anwalt, der ihn verteidigt und ihm Recht verschafft.

Hiob bekommt eine besondere Aufgabe von Gott: Er wird zum Fürsprecher vor Gott für seine drei Freunde – und Gott erhört ihn. Schließlich wendet Gott Hiobs Geschick: Er segnet ihn noch reicher als vorher und gibt ihm nun doppelt so viel. Hiob erlebt auch Trost durch Menschen: Seine Brüder, Schwestern, und viele Bekannte kommen, um ihn zu besuchen. Sie trösten ihn über alles erlebte Unglück. Sie beschenken ihn mit Gold. Gott schenkt ihm Tiere und weitere Kinder.

Die Hiobsgeschichte endet mit den Worten: *„Und Hiob starb alt und lebenssatt.“* (Hiob 42,17)

Worin besteht meine tiefe Sehnsucht? Welchen Herzenswunsch habe ich in Bezug auf Gott?

Maria nimmt die Schwangerschaft von Gott an, auch wenn es für sie den Tod bedeuten könnte. Ihre Worte an den Engel: *„Siehe, ich bin des Herrn Magd; **mir geschehe**, wie du gesagt hast“* (Lukas 1,38), sind ein eindrückliches Zeichen, dass sie Jhwh vertraut, der *für sie* und *für sie da* ist – auch in diesem besonderen Lebenszeichen, das er in sie hineinlegt.

Wie geht es mir mit diesen Worten „Mir geschehe"? Wann finde ich selbst ein Ja zu meiner Situation? Wann fällt es mir schwer?
 Ich lasse folgende Worte auf mich wirken:

„MIR GESCHEHE!"

Manchmal will es mir nicht über die Lippen –
das „Mir geschehe!"
Angst, Verletzungen, alte Wunden
lassen mich „Nein!" sagen.
Flucht, eigene Bemühungen und Strategien
scheinen sicherer.

Manchmal brauche ich deinen Engel, Gott,
der mir zuspricht: „Fürchte dich nicht!",
der mich Gesegnete und Geliebte Gottes nennt,
der ein Wort von dir für mich hat,
der mir neues Leben verheißt.

Manchmal will es mir nicht über die Lippen –
das „Mir geschehe!",
denn ich spüre,
dass dein Lebensgeschenk auch Schmerz beinhaltet,
dass dein Lebensweg für mich anders ist, als ich ihn plane,
dass auch Leid dazugehört.

Manchmal brauche ich deinen Engel, Gott,
der zu mir kommt mit deinem Wort für mich,
der da ist und der mich neu daran erinnert, wohin ich gehöre:
Dein bin ich, Gott, deine Geliebte!

Und dann will es mir wieder über die Lippen –
das „Mir geschehe!".

Die **Frau**, die das Gewand von Jesus berührt und sogleich von ihrem Leiden geheilt wird, macht noch eine weitere tiefgreifende Erfahrung mit Jesus.

Jesus merkt, dass eine Kraft von ihm ausgegangen ist, und so fragt er: „Wer hat mich berührt?" Der Frau wird nach einiger Zeit klar, dass vor Jesus niemand und nichts verborgen bleiben kann, und so kommt sie zitternd, fällt vor ihm nieder und sagt ihm und allen Anwesenden die ganze Wahrheit – die Wahrheit über ihr Leben: ein Bekenntnis vor Jesus und ein Zeugnis vor der Menge zugleich.

Nach diesem Offenlegen ihres Lebens spricht Jesus ihr seine Wahrheit über ihrem Leben zu: *„Meine Tochter, dein Glaube hat dir geholfen. Geh hin in Frieden!"*

(Lukas 8,48; vgl. Markus 5,24-34)

Wo brauche ich eine heilende Berührung von Jesus? Bin ich bereit, die Wahrheit meines Leben vor ihm offen zu legen?
Wie geht es mir mit dem Satz „Meine Tochter, dein Glaube hat dir geholfen. Geh hin in Frieden!" Wie denke ich darüber?

Von diesen Menschen aus der Bibel können wir Wertvolles im Umgang mit unseren eigenen Sandkörnern und Schmerzpunkten lernen. Und es gibt noch mehr Beispiele, sowohl im Alten als auch im Neuen Testament.

Doch Jesus selbst ist *das* Vorbild und Beispiel im Umgang mit Schwierigkeiten und Leid. Sein Vorbild kann für uns zum Perlmutt werden, das unseren Schmerzpunkten die Spitze nimmt.

Jesus wusste, woher er kam, wer er war und wozu er lebte – und genau deswegen hatte er es nicht nötig, sich selbst oder anderen etwas zu beweisen. Deswegen wurde er auch nicht von Gerede über ihn, durch Gerüchte oder Angriffe aus der Bahn geworfen. Jesus lebte voll und ganz aus seiner Lebensquelle – aus der innigen Beziehung zu seinem himmlischen Vater, und er schöpfte daraus Kraft. Dies war für ihn keine fromme Übung, sondern das Fundament seines Lebens. Er war eins mit seinem Vater und tat grundsätzlich alles in Übereinstimmung mit ihm (Johannes 14). Dieses Gottesbewusstsein ist Selbstbewusstsein.

Jesus hat sich auch im Leiden, in aller erlittenen Ungerechtigkeit immer an Gott festgehalten und mit ihm gesprochen.

Selbst im Sterben hat er noch seine Feinde Gottes Händen anvertraut, indem er sagte: *„Vater, vergib ihnen, denn sie wissen nicht, was sie tun."* (Lukas 23,34)

Durch sein eigenes Leiden wird er uns zur Hilfe, denn er versteht uns zutiefst. Er versteht selbst das, was niemand mehr versteht. (vgl. Hebräer 2,18).

Wie kann ich nun aus den Sandkörnern in meinem Leben Perlen entstehen lassen?

DU
Jesus
am Kreuz,
durch-
bohrt von
hass-erfüllten Blicken; fest-genagelt auch von mir;
erschöpft, verblutend, schwach, ohn-mächtig,
ohne Tun, ohne Leistung, bewegungs-los,
und doch
bewegtest
du alles in
dieser
zeitlosen
Stunde.
HERR,
ich ahne,
dass in
meinen
ohn-
mächtigsten
Augen-
blicken
deine wirkungsvollsten Stunden sind,
um das an mir zu voll-bringen, was du längst vollbracht hast.
Hier stehe ich, Herr, vor deinem Kreuz – so wie ich bin!

Drei Sandkorngeschichten

Eine junge Frau mit zwei kleinen Kindern berichtet:

Mein Sandkorn ist die Trennung von meinem Ehemann. Er ersetzte mich durch eine andere Frau. Das Gefühl, nicht zu genügen oder sogar nicht liebenswert zu sein, zerbrach mein Herz.

Wut stieg in mir hoch – das muss er bezahlen! Wie kann ich ihn nur auch verletzen? Das wird er mir büßen! Zum Glück hielten diese Gefühle der Wut nicht so lange an, dass ich konkrete Pläne hätte schmieden können, um mich zu rächen. Dies hätte ich hinterher bitter bereut.

Stattdessen bekam ich es mit der Angst zu tun. Wie sollte es weitergehen? Finanziell war ich nun wohl gezwungen, arbeiten zu gehen. Viele Fragen stürmten auf mich ein, und ich musste Entscheidungen treffen. Wohin sollte ich mit den Kindern ziehen? Was konnte ich behalten? Was gehörte überhaupt mir? Derartige Fragen machten mich hilflos und ohnmächtig. Auf einmal wurde mir bewusst, dass ich selbst nicht viel besaß. Ich hatte keine finanzielle Sicherheit. In meiner Panik versuchte ich, mein Leben neu zu ordnen.

Da ich mich in dem gemeinsamen Haus nicht mehr wohlfühlte, zog ich kurzerhand mit meinen Kindern zu meinen Eltern. Dort erfuhr ich Hilfe, Trost, Liebe und konnte mein Leben neu gestalten. Ich versuchte wieder zu funktionieren, ich spornte mich selber an mit meinem Ehrgeiz, etwas in meinem Leben zu erreichen, auch ohne Ehemann. Ich schaute bewusst vorwärts und malte mir vor Augen, wo es mir jetzt besser ging. Ich baute meinen Freundeskreis auf und verbrachte viel Zeit mit meinem Herrn Jesus Christus. Ich suchte mir eine Wohnung und eine Arbeitsstelle, ja, ich funktionierte wieder ganz passabel. Doch schon bald merkte ich, dass ich meine Probleme und Verletzungen gar nicht bearbeitet hatte. Ich war schnell gereizt, bitter, kalt und redete oft schlecht über meinen Ex-Partner. Ich bemerkte, dass es gut war, mein Leben wieder in die Hand zu nehmen und auch Hilfe von Familie und Freunden zu beanspruchen, doch mein Inneres vergaß ich dabei komplett.

Zwar war mein Leben nach außen wieder einigermaßen in Ordnung, doch was sollte ich jetzt bloß mit meinem verletzten Herzen tun? Reden ja, aber wie? Das schlechte Reden über meinen Ex-Partner hatte mich nicht glücklicher gemacht.

Das Erkennen meiner selbst, meines Inneren war für mich wichtig: Wer bin ich? Was sieht und denkt mein Schöpfer jetzt von mir? Er hat immer noch Gedanken der Liebe über mich mit meiner Persönlichkeit, so wie ich bin. Er liebt mich mit meinem Kummer und mit meinem ganzen Seelenmüll. Ich darf all das bei ihm abladen und mich reinigen lassen.

Mit der Zeit stellte ich mir die Frage, was Gott mit meinem Leben wohl noch vorhatte. War ich überhaupt noch „brauchbar" mit meiner ganzen Verletzlichkeit und Verwundbarkeit? Was wollte er von mir? Ich lernte, dass Gott will, dass ich glücklich bin, dass ich das Leben genieße und nicht Trübsal blase. Ich darf bei ihm auftanken und neue Kraft sammeln.

Und er möchte bestimmt noch mit mir zusammenarbeiten, wenn ich von meinem Frust loskomme und meinem Ex-Partner vergebe. Doch zuerst war es für mich dran, mir selbst zu vergeben und nicht an meinem Versagen und den Schuldgefühlen festzuhalten. Wie sollte ich anderen Menschen mit Liebe begegnen, wenn ich selbst keine Liebe für mich hatte? Wenn ich meinem Ex-Partner vergebe, dann kann ich erst weitergehen und eine Zukunft aufbauen. Wenn ich dies nicht tue, bleibe ich stehen.

Auch hier half mir der Gedanke, ein Ziel zu haben und „brauchbar" zu werden für das Reich Gottes. Vielleicht kann ich eines Tages mit meinen Erfahrungen jemandem helfen, der Ähnliches durchmacht.

An schlechten Tagen, die immer wieder kommen, mache ich mir neu bewusst, wie geliebt ich von meinem Schöpfer bin. Dann komme ich wieder von dem Gedanken los, viel leisten zu müssen, und kann mich stattdessen lieben und erfüllen lassen von dem, der die Liebe hat. Ich gönne mir etwas Gutes, sei das ein Bad, Musik, ein Spaziergang, ein Telefonat mit einer Freundin oder was ich sonst gerade gerne tue. Was mir auch sehr geholfen hat, ist der Austausch mit Gleichgesinnten – zu wissen, dass ich nicht alleine bin. Dazu besuchte ich ein Seminar, das mir weiterhalf.

Ich bin immer noch dabei, Gott an mir arbeiten zu lassen und mich dabei besser kennenzulernen. Ich weiß: Es ist jemand da, der mich formt und aus mir eine wunderschöne Perle entstehen lässt. Ich habe ein Ziel vor Augen und lerne, dass der Herr gerade die Schwachen braucht, um sein Reich zu bauen.

„Der Herr wird alles zu einem guten Ende bringen! Herr, deine Gnade gilt für alle Zeit. Verlass mich nicht, denn du hast mich erschaffen." (Psalm 138,8; NLB)

Ich war ein Wunschkind und ein geliebtes Kind meiner Eltern.

Als ich fünf Jahre alt war, ließen sich meine Eltern jedoch scheiden. Von da an erlebte ich, wie es ist, nicht mehr gewollt zu sein. Mein Stiefvater wollte mich nicht, meine Stiefmutter vernachlässigte mich. Meine Mutter war sehr krank. So kam ich ins Waisenhaus.

Ich wurde von einem Heim und von einer Pflegefamilie in die andere weitergereicht. In den Heimen gefiel es mir meistens recht gut, in den Familien war es schwierig, da ich in der Regel mehr arbeiten musste, als dass ich spielen durfte.

Erst später erkannte ich, dass auch meine Mutter sehr unter dieser Trennung litt. In einem Brief schrieb sie an den Waisenhausvater: „Ich selber würde mein Kind lieber heute schon zu mir nehmen als erst morgen. Aber ich kann auch nicht machen, was ich will, das habe ich alles den anderen zu verdanken, die uns so verleumdet haben. Trotzdem gebe ich die Hoffnung nicht auf, dass ich einmal mein Kind zu mir nehmen kann. Ich fühle mich gerade wie eine Verbrecherin, dass ich mein Kind so leiden lassen muss an Liebesentzug und der unerfüllten Sehnsucht nach seiner Mutter. Mir geht es nicht anders. Das ist die schlimmste Krankheit bei einem Menschen. Ich weiß: Kein Mensch und kein Arzt kann bei solcher Krankheit helfen. Es wäre mir lieber, wenn ich gar nicht mehr auf der Welt wäre, dann wüsste mein Kind, dass es keine Mutter mehr hat, aber so hat es eine und hat doch keine ..."

Als ich elf Jahre alt war, starb mein leiblicher Vater.

Zu dieser Zeit lebte ich bei einer älteren Frau, bei der ich viel und schwer arbeiten musste. Ich arbeitete gerade auf dem Feld, als der Briefträger die Todesnachricht brachte. Kein Mensch tröstete mich. Ich musste alleine zur Beerdigung gehen – und kam zu spät. Für mich brach damals eine Welt zusammen.

Bei der Pflegemutter gefiel es mir nicht, weil ich nicht mehr spielen durfte, sondern so schwer arbeiten musste. Ich versuchte mit allen möglichen und unmöglichen Mitteln, die Aufmerksamkeit auf mich zu lenken, doch im Grunde genommen hat es meine Situation bei dieser Frau nicht verbessert.

Schließlich durfte ich wieder zu meiner Mutter. Doch ich kam vom Regen in die Traufe, denn mein Stiefvater begann mit sexuellen Übergriffen und missbrauchte mich. Auf der anderen Seite vernachlässigte er mich, denn ich musste Kleider von meiner Mutter tragen, und wenn meine Brille kaputt war, ließ er sie nicht reparieren, sondern ich musste mit nur einem Glas herumlaufen. Ein Jahr später hielt ich es nicht mehr aus. Meine Mutter sah diesen Zustand und sorgte dafür, dass ich wieder in ein Heim kam. Dort gefiel es mir sehr, doch schon nach einem Jahr musste ich wieder weg – in eine Familie mit zwei Kindern. Wenn mein Vormund zu Besuch kam und nachfragte, wie es mir ging, redete die Hausmutter mit einer süßlichen Stimme, wie gut wir zusammenleben würden, doch wenn er weg war, dann veränderte sich ihre Stimme und sie wurde lieblos. Am Sonntag wollte sie mich nicht bei sich haben und versuchte, mich bei anderen Familien unterzubringen. Wieder erlebte ich es, unerwünscht zu sein und litt sehr unter Heimweh.

Als Jugendliche half ich in einer Familie aus, die einen Laden besaß. Dort gab es zu meiner Freude kleine Kinder und auch einen Schäferhund. Doch auch der Mann dieser Familie belästigte mich. Diesmal wehrte ich mich.

Nach meiner Konfirmation begann ich, in der Bibel zu lesen. Dies half mir und gab mir zum ersten Mal den Halt, den ich so vermisste und im Leben suchte. Ich hatte keine Wurzeln, und das Bibellesen war für mich der Anfang von meinem Glaubensweg.

Während meiner Ausbildung zur Schwesternhelferin lernte ich

Diakonissen kennen, die mir viel Liebe und Schutz gaben und für mich auch zum Mutterersatz wurden. Die Gespräche mit den Diakonissen und die vielen Lieder, die ich lernte, wurden für mich zu einem Schatz, von dem ich noch heute zehre. Auch hatte ich gute Kolleginnen, mit denen ich viele schöne und lustige Momente erlebte.

Im Rahmen einer Evangelisation öffnete ich Jesus mein Herz und bekam so ein Bewusstsein von Gut und Böse, von Falsch und Richtig – was ich falsch gemacht hatte, aber auch, wo meine Grenzen überschritten worden waren.

Heilend war es für mich später in der Seelsorge, Jesus in diese schwierigen, verletzenden und grenzüberschreitenden Kindheitserinnerungen und -erlebnisse hineinkommen und mich von ihm trösten zu lassen.

Rückblickend sehe ich, dass Gott mir immer wieder auch Menschen zur Seite stellte, die mir halfen und mich begleiteten. Außerdem hat mich Gott mein ganzes Leben lang durch meine Zuneigung zu Tieren getröstet, ganz besonders zu Hunden und Katzen.

Von meinem Elternhaus her wusste ich, dass Sexualität in die Ehe gehört. Dennoch ließ ich mich als 24-Jährige nach nur zwei Monaten Bekanntschaft auf eine intime Beziehung ein. Ich wusste, dass ich vor Gott schon die Frau dieses Mannes war. Wir heirateten, doch die Ehe war 34 Jahre lang Horror für mich, bevor ich mich trennte. Jahrelang bat ich Gott um Vergebung – immer und immer wieder. Eines Tages hörte ich eine Stimme in meinem Herzen: „Hast du dir selbst schon vergeben?" Dies tat ich dann und von da an wusste ich plötzlich: Gott hatte mir schon längst vergeben! Vor Kurzem hatte ich den Eindruck, ich solle auch zu Jesus bzw. Gott sagen: „Ich vergebe dir." Wie oft war ich wütend auf ihn gewesen, dass er alles zugelassen und nicht verhindert hatte. Doch inzwischen habe ich gelernt, auch meine Verantwortung bei alldem zu sehen. Ich bin versöhnt mit meiner Vergangenheit und darf vorwärtsgehen vom Sandkorn in Richtung Perle.

DIE WENDE

Kostbar und wertvoll,
gewollt und geliebt –
so siehst du mich.

Kostbares und Wertvolles
hast du in mich hineingepflanzt.
Es schlummert in mir,
will werden und wachsen,
wartet auf Entfaltung.

Erwartungsvoll darf ich hineinschauen
in die Schatztruhe meines Seins,
darf wahrnehmen und staunen,
entfalten und ver-wenden –
das Perlmutt von dir,
damit die Wende naht,
damit sich wendet und wandelt,
was Leben hindert und lähmt,
damit es wirkt und perlt.

Und du bist da,
ummantelst mich mit deiner Gegenwart,
hüllst mich ein in deinen Blick, der Liebe spricht.

Voll Vertrauen darf ich mich deiner Liebe lassen,
deinem Blick – deiner Sicht,
deinen Händen – deinem Wirken,
deinem Herzen – DIR.

Exkurs

Vergebung

Wie Gott mir, so ich dir!

Wie geht es dir mit dem Thema Vergebung? Vergeben ist wohl eine der schwierigsten Herausforderungen im zwischenmenschlichen Bereich.

Vielen Menschen fällt es schwer, anderen, die ihnen Unrecht zugefügt, die sie verletzt oder enttäuscht haben, zu vergeben. Vielleicht gelingt es noch einigermaßen, wenn die andere Person reumütig kommt, sich entschuldigt und um Vergebung bittet oder wenn eine Aussicht auf Wiedergutmachung besteht. Doch wenn wir weder die Bitte um Entschuldigung noch Wiedergutmachung erleben, dann ist die Sache mit der Vergebung wirklich schwierig!

Wir Menschen neigen oft dazu, die Schuld und die Vergehen der anderen an uns zu „sammeln", innerlich Listen zu führen, und können genau sagen, wann und wo uns wer und wie verletzt hat.

Und selbst wenn wir meinen, wir hätten ja vergeben, so vergessen wir doch nicht ganz so schnell.

Und so kreisen wir in unseren Gedanken und in unserem Herzen um unsere Verletzungen, um unser Opfer-Dasein, bemitleiden uns selbst, hegen und pflegen unseren inneren Groll und sind nicht mehr frei für das wahre Leben. Denn Bitterkeit raubt uns Lebensenergie.

Jesus predigte und bezeugte in seinem Leben einen barmherzigen Gott. Er lebte diese Barmherzigkeit vor. Mit seinem Leben lud er die Menschen zu einem barmherzigen Lebensstil ein: Handle ebenso wie Gott. Wie Gott zu dir ist, so sei auch du zu deinen Mitmenschen! Lebe nach dem Motto: Wie Gott mir, so ich dir!

Das geht nicht automatisch. Erst wenn uns zutiefst bewusst wird, wie gut Gott zu uns ist, wie viel er uns vergibt und uns täglich schenkt, wird es uns zunehmend möglich, aus dieser Fülle heraus weiterzugeben. Dies ist jedoch keine Instantlösung, sondern eine Lebensschule und Lebensaufgabe!

Vergeben heißt: Loslassen! Ich lasse los und überlasse die ganze Angelegenheit, die Verletzung mitsamt der Person, die mich verletzt hat, den Händen eines Größeren – Gott! Ich „delegiere" die Sache, die Verletzung und die Person, die mich verletzt hat, an Gott. Ich verzichte auf Vergeltung, denn Rache macht krank! Das ist Vergebungsfähigkeit.

Jemand sagte einmal: „Vergeben heißt, einen Gefangenen zu befreien und dann zu entdecken, dass man selbst der / die Gefangene war."

Meine Aufgabe ist es, den anderen Menschen loszulassen – und wenn ich dies nicht aus Liebe zum anderen tun kann, so doch wenigstens um meinetwillen, denn wenn ich dem anderen ständig die Schuld nachtrage und Vergebung verweigere, so trage ich selber schwer und werde unfrei.

Wenn ich mich aber entscheide: Ich lasse los, ich trage dem / der anderen die Schuld nicht mehr länger nach – dann ist mein Denken, mein Reden, mein Handeln wieder frei. Es ist wieder Platz in meinem Kopf, in meinem Herz und in meiner Hand, Platz für Besseres!

Vor Gott sind wir alle Bedürftige. Jede und jeder trägt seinen Anteil an Lebensschuld. Der erste Schritt zu einer Veränderung ist, dies zu erkennen und einzugestehen. Das ist Schuldfähigkeit.

Bei Gott ist viel Vergebung! Im Licht seiner Barmherzigkeit und seines Erbarmens; in der Nähe seines großen Herzens erkennen wir, wie klein unser Herz ist und dass wir selbst es sind, die richten, die mit dem Finger aufeinander zeigen, die gegenseitig die Schuld hochrechnen, die unbarmherzig und begrenzt sind. Vielleicht fällt es uns so schwer, anderen zu vergeben, weil wir selbst noch nicht realisiert und von Herzen erkannt haben, wie groß Gottes Barmherzigkeit uns gegenüber ist, wie viel er uns schenkt und wie viel Vergebung bei ihm ist – für alle, auch für uns!

Josef, Hiob, Jesus – sie alle konnten vergeben und sogar für ihre Gegner zum Fürsprecher und Helfer werden, weil sie aus der Fülle Gottes lebten. Gott wohnte in ihrem Herzen und sie wohnten in Gottes Herz.

Schritte zur Perle – Schicht für Schicht

Wie kann ich aus den Sandkörnern in meinem eigenen Leben Perlen werden lassen?

Ich darf zuerst das Gute in meinem Leben sehen, das Perlmutt, das Gott schon in mich hineingelegt hat: z. B. meine Gaben und Fähigkeiten; das Gute aus meiner Vergangenheit und Gegenwart; die Möglichkeiten, die ich habe; meine Charaktereigenschaften und Stärken; meinen Glauben an Gott, meine Freunde, Beziehungen, Familie. All dies brauche ich, um mit Schwierigkeiten im Leben umgehen und zurechtkommen zu können.

Vom Sandkorn zur Perle

Im Folgenden sollen nun einige Schritte aufgezählt werden, wie so ein Weg vom Sandkorn zur Perle Schicht für Schicht, Schritt für Schritt aussehen könnte, jedoch immer in dem Bewusstsein, dass eine echte Perle viele Jahre zum Werden und Wachsen braucht. Die Schritte wollen Mut machen.

Jede Schicht bzw. jeder Schritt braucht Mut, braucht meinen Willen, braucht Gottes behutsames und heilendes Wirken und er braucht Zeit! Es ist eine Veränderung in kleinen Schritten. Doch es ist nie zu spät, mit der Perlenproduktion zu beginnen

Geh den ersten Schritt der Perlenproduktion. Fang an! Entscheide dich!

Nimm dein Sandkorn, den schmerzenden Fremdkörper bzw. deinen Schmerzpunkt wahr und lass ihn wahr sein, auch wenn es wehtut! Sprich darüber mit Worten, teile dich mit, lass heraus, was schmerzt. Öffne dich, indem du alles aus-sprichst oder heraus-schreibst. Ein schönes „Perlentagebuch" (ein leeres, schön gestalteten Tagebuch, in das du hineinschreiben kannst) könnte dir dabei helfen. Lass die Wahrheit deines Lebens zu.

Lass deinen Schmerz zu. Gib dem Schmerz Raum. Lass Trauer und Tränen zu! Du darfst klagen und fragen – auch anklagen, wie Hiob es tat, und wie Jesus selbst es tat: Warum ich? Warum lässt du das zu, Gott? Warum hast du mich verlassen?

Suche dir eine Person deines Vertrauens. Manchmal kann es helfen, einem anderen Menschen das zu sagen, was so schmerzt, und es nicht mehr alleine mit sich herumzutragen.

Nimm auch dich selbst wahr und ernst! Je nach Art und Größe des Sandkorns ist auch der Leib stark betroffen. Wo die Seele leidet, hat dies durchaus einen Effekt auf den Körper. Wenn der Körper unter Dauerschmerz steht, hat dies auch Auswirkungen auf die Psyche. Der Mensch ist ein ganzheitliches Wesen. Körper, Seele und Geist sind miteinander verbunden.

Tue deinem Inneren und deinem Äußeren Gutes! Was tut dir gut (Körperpflege, ein schönes Bad nehmen, Blumen arrangieren, einen Garten anlegen)? Dein Inneres und dein Äußeres gehören zusammen. Beides macht dich aus. Beides braucht Aufmerksamkeit, Pflege und Zeit.

Wo ist deine persönliche Kraftquelle und Ressource, um Perlmutt für deine Perle zu produzieren? Ist es Gott, die Stille, die Natur, das Tagebuch, Farben, Blumen, Gespräche, das Gebet?

Nimm dein Sandkorn, deinen Schmerzpunkt an, sage Ja dazu und integriere den Schmerz in dein Leben. Dies ist sehr schwierig und braucht eine ganze Weile. Es geht nicht darum, das Geschehene / das Sandkorn gut zu finden, sondern es wahrzunehmen: „Ja, so ist es, dies ist ein Teil von meiner Geschichte."

Eine Weisheit lautet: „Nur was angenommen wird, kann auch verwandelt werden." Wir könnten sogar sagen: „Nur was angeschaut wird, kann auch angenommen werden. Nur was angenommen wird, kann auch verwandelt werden."

Umgib dich, wo es möglich ist, mit lieben Menschen, die dir wohltun. Meide Menschen, die immer wieder neu Salz in deine Wunde streuen. Vermeide nach Möglichkeit neue Schmerzfaktoren.

Lass dir Zeit! Eine Perle braucht Zeit und Geduld. Sei geduldig mit dir selbst.

Lass Gott wirken –, den Gott, der dich gewollt und geschaffen hat; den Gott, der Ja zu dir sagt; den Gott, der mit dir ist! Diesem Gott und seinen Händen darfst du dich getrost überlassen und dich ihm mit deinem Sandkorn anvertrauen – Tag für Tag, Schicht für Schicht!

Und so wird deine ganz persönliche, einzigartige, wertvolle Perle entstehen. Eine Perle, die bleibt, die dich schmückt, die auch andere eines Tages an dir sehen und sich darüber freuen werden.

Es braucht Zeit

Wir können eine Perle nicht einfach nur „machen", sondern müssen sie auch entstehen lassen und den Prozess in uns zulassen.

Die Perle braucht Zeit, Kraft und immer wieder den Willen und das Wissen, dass wir wertvoll und von Gott unendlich geliebt sind.

Wir dürfen Schritt für Schritt gehen, aber auch Pausen machen, unvollkommen sein und nach unserem Vermögen, mit unserer Kraft in unserem Tempo unterwegs sein!

Dazu braucht es auch den Mut, Fehler zu machen, wieder zu fallen, wieder neu aufzustehen, es braucht Mut zur Unvollkommenheit!

Auf deinem „Perlen-Weg" darfst du dich selbst neu sehen lernen und entdecken, wie wertvoll und einzigartig du bist: Du bist eine Perle!

In unseren Freuden, aber auch in Bezug auf Schmerz und Leid sind wir bei Gott gut aufgehoben, denn er ist derjenige, der selbst in Jesus Christus durch den tiefsten Schmerz gegangen ist. Diesem Gott dürfen wir unsere Fragen, unsere Klagen und unsere Schmerzen bringen. Wir dürfen auch anklagen. Gott ist ein Gott, der da ist und der uns sieht. Er ist der, der mitleidet und der auf uns wartet.

Der Evangelist Matthäus berichtet, dass Jesus uns einlädt, mit unseren Lebenslasten und unseren Schmerzpunkten zu ihm zu kommen. Ich gebe den Text in etwas freieren Worten wieder:

Jesus Christus spricht: *Kommt her zu mir alle, die ihr müde seid und ermattet von euren Lasten, Schmerzpunkten und Sandkörnern. Kommt zu mir, ich will euch die Last abnehmen! Ich will euch erfrischen und euch neue Kraft geben, damit ihr wieder aufatmen könnt.*

Ich quäle euch nicht und sehe auf keinen von euch herab. Bei mir und von mir dürft ihr lernen, was erfülltes Leben bedeutet. Bei mir dürft ihr zur Ruhe kommen. (Nach Matthäus 11,28-30)

Jesu Einladung an uns lautet: „Komm her zu mir mit deinem Sandkorn!"

Wie antworten wir auf Jesu Einladung?

Praktische Schritte zur Perle

Einige der Schritte sind wir schon gemeinsam gegangen:

1. Wir haben unsere Stärken angeschaut: Unser Äußeres und unser Inneres.
2. Wir haben unser Sandkorn angeschaut: Wahrgenommen, dass da überhaupt etwas ist, was uns Schmerz verursacht. Wir haben ihm einen Namen gegeben. Wir haben uns mit der Wahrheit unseres Lebens auseinandergesetzt.
3. Wir haben realisiert, dass wir schon viel versucht haben und dass wir schon einige Hilfen und Ressourcen in Anspruch nehmen konnten.
4. Wir haben uns entschieden, ob wir überhaupt eine Veränderung wollen bzw. haben uns gefragt, was wir uns eigentlich in Bezug auf den Schmerzpunkt wünschen.
5. Wir haben verschiedene Schritte zur Perle bzw. Perlmuttschichten angeschaut.

Wichtig sind auch ganz praktische Übungen und Schritte, die immer wieder trainiert werden wollen, und die die Bildung von Perlmutt fördern. Welche der folgenden Impulse sprechen mich an?

6. Ich nehme mir Zeit und denke über mich, mein Sandkorn und was sich bis jetzt verändert hat, nach.
7. Ich lasse mir Zeit. Ich muss nicht morgen gesund sein, alles überwunden und verarbeitet haben. Ich darf jeden Tag ein Stück Perlmutt in Anspruch nehmen. Ich darf mein Maß und mein Tempo finden!

8. Ich spüre meine Grenzen, nehme sie wahr und kommuniziere sie. Ich darf lernen zu sagen, was mir wann zu viel wird, was mich überfordert, was nicht geht.

9. Ich atme bewusst: Gerade in Schmerz, bei Stress und Verletzungen kann einem förmlich die Luft wegbleiben. Dann ist es gut, innezuhalten, sich auf die Atmung zu konzentrieren und bewusst zu atmen.

10. Ich lerne Nein zu sagen: Ich darf sagen, dass ich nicht kann oder auch nicht will! Und ebenso darf ich von Herzen Ja sagen, wenn ich dies will.

11. Ich schreibe regelmäßig, z. B. Tagebuch, Briefe an Gott, Gedichte, Geschichten, schreibe meine Träume und Wünsche auf. Ich kann an meinem persönlichen Klagepsalm weiterschreiben – und wer weiß: Vielleicht wird eines Tages sogar ein Dank- oder Lobpsalm daraus. Ich kann mein Lebensbuch oder mein Perlenbuch gestalten. Das Schöne dabei ist, dass mit jedem Umblättern eine neue Seite beginnt.

12. Ich rede: mit Freunden, Personen meines Vertrauens, mit Gott.

13. Ich suche und gestalte meine Zufluchtsorte: Wie wäre es, wenn ich mir meinen persönlichen Platz einrichte, an dem ich mich geborgen fühle – vielleicht eine Ecke in der Wohnung oder ein Plätzchen oben im Dachgeschoss. Ich kann mir dort einen kleinen „Altar" herrichten, mit einigen Symbolen, z. B. ein Kreuz oder Stein für das Sandkorn, eine Kerze oder ein Bild. Das ist mein ganz persönlicher Platz, mein heiliger Ort, wo ich zur Ruhe komme, wo ich meine Zeit mit Gott pflege – meine Perlenzeit.

14. Ich genieße: alleine oder mit anderen. Ich könnte mit einem lieben Menschen essen gehen, ein Bad nehmen, vielleicht auch nur ein Fuß- oder Handbad. Ich könnte mir einen Platz an der Sonne suchen und ein Sonnenbad nehmen. Ich könnte einen guten Film anschauen, ins Kino oder Theater gehen. Ich könnte kreativ sein: malen, basteln, dekorieren, die Wohnung neu gestalten, mit Pflanzen arbeiten, mir meinen Kräutergarten anlegen. Es geht darum, bewusst zu ge-

nießen und mit allen Sinnen zu erleben. So, wie wir unseren Schmerz spüren, dürfen wir auch das Leben wahrnehmen, spüren und genießen!

15. Ich tue mir immer wieder Gutes: diese Übung braucht Wiederholung und Training, bis ich mir regelmäßig etwas Gutes gönne. Ich bin es wert, ich darf mir etwas gönnen!

16. Ich schaue mir immer wieder meine Stärken an und mache mir bewusst: Da ist noch viel mehr – eine ganze Schatztruhe voller Ressourcen für mein Perlmutt!

17. Ich halte mir Gottes Ja zu mir vor Augen: Gott sagt Ja zu mir, so wie ich bin! Dieses Ja von Gott hilft mir für alle weiteren Schritte: selbst ja zu mir und zu meinem Leben (auch zu meinem Sandkorn) zu sagen, mich für eine Veränderung zu entscheiden und mich Gott selbst zu überlassen.

All diese Schritte oder auch nur ein paar davon können wertvolle Hilfen auf dem Weg zur Perle sein – Schritt für Schritt, Schicht für Schicht.

Die wichtigsten und grundlegenden Perlmuttschichten sind jedoch folgende:

Mein ganz persönliches Ja! Es ist schwierig, dieses Ja aus eigener Kraft zu sagen. Es ist äußerst anstrengend, die ganze Zeit alleine und aus den eigenen Reserven heraus vorwärtskommen zu wollen. Hilfreich ist, zuerst das Ja Gottes zu mir anzunehmen (s.o.). So habe ich ein grundlegendes Ja über meinem Leben, das mir schon geschenkt ist. Diese Bestätigung von Gott, diese Erlaubnis zum Sein wird zur unerschöpflichen Kraftquelle für mein Leben werden.

Ich sage Ja:

- Ich sage Ja zu mir selbst mit harter Schale und weichem Kern. Ich darf mir immer wieder meinen Wert bewusst machen, und Gott hilft mir dabei!

- Ich sage Ja zu meinem Sandkorn: Ja, so ist es (Nicht: „Es ist gut", sondern: „Ja, das gibt es in meinem Leben. Das gehört zu meiner Geschichte. Ich kann es nicht rückgängig machen."). Ich nehme mein Sandkorn wahr und nehme es als Teil meiner Biografie an.

- Ich sage Ja dazu, dass ich es nicht verstehe (verstehen kann / verstehen muss, vielleicht sogar nie verstehen werde), dass viele Fragen an das Sandkorn, an das Leben, an andere und an Gott offen bleiben – vielleicht sogar mein Leben lang. Dies ist eine große Herausforderung.
- Ich sage Ja zu einer Veränderung: Ich will nicht mehr im Selbstmitleid, im Grübeln, in der Verzweiflung, in der Anklage oder Selbstanklage, in der Verbitterung versinken, sondern ich will Veränderung und meinen Teil dazu beitragen – ganz konkret, ganz praktisch!
- Ich sage Ja zu Gott. Ich sage Ja dazu, mich ihm zu überlassen. Das beinhaltet auch, mich nicht mehr selbst „aus dem Sumpf ziehen" zu wollen und mich stattdessen mit meinem Sandkorn diesem Größeren zu überlassen.

Gottes Perlmutt

Und dann kann Gott Schicht für Schicht sein Perlmutt, das er mir schenkt, um meinen Schmerzpunkt legen. Wo es mir möglich ist, darf ich mit meinem mir schon gegebenen Perlmutt (Stärken / Eigenressourcen) mitwirken, bis die Perle entstanden ist. Vielleicht merke ich es gar nicht, dass da eine Perle in mir schlummert. Auf jeden Fall darf der Schmerzpunkt nicht mehr mit seiner zerstörerischen Kraft sein Unwesen in mir treiben. Leben ist wieder möglich. Neues Leben.

Gott will uns Perlmutt im Überfluss schenken.

Schon sein Name ist wie Perlmutt für uns, denn Jhwh beinhaltet: Ich bin gegenwärtig. Ich bin da. Ich bin bei dir. Ich bin *für* dich und ich bin für dich da!

Diese Wahrheit darf tief in mein Herz sinken.

Schauen wir einmal in Gottes Perlmuttvorrat, von dem er uns reichlich gibt:

- Gottes bedingungslose Annahme
- Gottes Ja zu mir, so wie ich bin

- Gottes Vergebung
- Gottes Heilung
- Gottes Liebe
- Gottes Wertschätzung
- Gottes Geduld
- Gottes Barmherzigkeit
- Gottes liebender und wohlwollender Blick
- Gottes Umarmung
- Gottes Nähe und Gegenwart
- Gottes wohltuende, ermutigende Worte
- Gottes Hand, die mich hält
- Gottes Lebensfülle, die meinen Mangel ausfüllt
- Gottes Segen

Aus Gottes Fülle darf ich nehmen Gnade um Gnade – Schicht für Schicht Perlmutt! (vgl. Johannes 1,16) ✳

Dieses Perlmutt von Gott wirkt in und an mir, an meinem Sandkorn, an meiner Perle. Die fertige Perle ist nicht sofort da, doch sie wird und wächst!

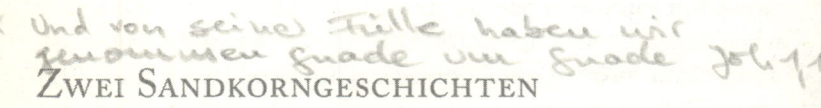

✳ Und von seiner Fülle haben wir genommen gnade um gnade Joh 1,1

Zwei Sandkorngeschichten

Eine junge Frau berichtet:

Nach zwei wundervollen, komplikationslosen Schwangerschaften wurde ich nach einiger Zeit wieder schwanger. Wir freuten uns riesig darauf, noch ein drittes Kind bei uns willkommen zu heißen. Zuerst hielten wir es noch etwas geheim, bis die ersten 3 Monate gut überstanden waren. Dieses Kind war von Anfang an willkommen und geliebt.

In der 21. Schwangerschaftswoche wurde dann der zweite Ultraschall gemacht. Alles in bester Ordnung – so wurde uns versichert, ein Mädchen wuchs heran. Zu Hause einigten wir uns noch am selben Abend auf den Namen: *Erin Sophia* sollte die Kleine heißen. Doch innerlich hatte ich das Gefühl, dass etwas vielleicht nicht stimmte.

Wenige Tage später bemerkte ich Blutungen und wir fuhren sofort ins Krankenhaus. Nach mehreren Untersuchungen wurde uns erklärt: Diese Blutungen waren bereits der Anfang der Geburt, der Muttermund stand schon 2 cm offen. Unsere Erin würde viel zu früh auf die Welt kommen. Solange sie mit mir verbunden war, würde sie leben. Sie würde lebend geboren werden – doch dann sterben. Und genau so war es: Sie lebte, als sie geboren wurde, und starb nach einem 30-minütigen Kampf ums Überleben. Dies waren die grauenhaftesten Minuten meines Lebens.

Bald nach der Geburt verließ ich das Krankenhaus und wir organisierten alles für die Bestattung. Für mich brach die Welt zusammen. Ohne dieses Kind fühlte ich mich so leer. Es war, als würde etwas tief in meinem Inneren zerreißen. Der Schmerz war so tief und so stark. Wie benommen überlebte ich die nächsten Tage. Freunde und Bekannte ließen uns in Ruhe trauern und schrieben einige liebe Karten. Dennoch fühlte ich mich total alleine und verlassen. Da waren nur noch Leere und Schmerz.

Ich wusste nicht einmal, wie ich je wieder in Kontakt mit Gott treten könnte, geschweige denn, ihm vertrauen sollte. Ich war über alle Maßen enttäuscht. Gott wusste doch, dass mir mein Mann und meine Kinder das Wichtigste und Wertvollste im Leben waren. Er verstand, wie tief meine Liebe für sie ging. Er war doch derjenige, der mein Innerstes kannte, der mich geschaffen hatte. Wusste er denn nicht, dass ich an diesem Verlust zerbrechen würde?

Vom Verstand her war mir zwar klar, dass Gott bei mir war, dass er mich nie alleine ließ, doch mitten im Schmerz war es mir unmöglich, ihn wahrzunehmen. Ich konnte auch nicht mehr beten – was für einen Sinn sollte das überhaupt machen, wenn Gott mein tiefstes Flehen nicht erhört und dieses Kind hatte sterben lassen? Das einzige Gebet, das ich in dieser Zeit beten konnte, war: „Gott, wenn du wirklich da bist und mich liebst, kannst du es mir bitte irgendwie zeigen? Wer bist du, Gott?"

Ich wusste wirklich nicht mehr, wer Gott war. Meine Annahmen und Vorstellungen von ihm waren alle in sich zusammengestürzt. Der Gott meiner Vorstellungen hätte mir nie so etwas Schlimmes zugemutet.

Wochenlang weinte ich jeden Tag stundenlang. Ich versuchte zu begreifen, diesen Schmerz zu durchleben und irgendwie hinter mich zu bringen. Meine beiden älteren Kinder holten mich immer wieder in den Alltag zurück und halfen mir, mich nicht ganz zu vergraben.

So vergingen Wochen und Monate, und schon bald sprach niemand mehr von Erin. Noch etwas später wollte niemand mehr etwas davon hören. Dieser Verlust wurde nun zu meinem Sandkorn, tief verschlossen in mir selbst und sehr schmerzhaft. Es verging keine Minute, ohne dass ich an dieses Kind dachte und um den Verlust kreiste. Ich versuchte herauszufinden, was ein guter und gesunder Umgang mit einer solchen Erfahrung war und mich an anderen zu orientieren. Manchmal versuchte ich zu verdrängen, so zu tun, als sei alles in Ordnung, doch dabei fühlte ich mich, als würde ich meine eigene Tochter verraten. Dann probierte ich es mit Ablenkung, was jedoch überhaupt nicht gelang und mich in die Erschöpfung trieb. Ich versuchte mich anzupassen, um mich wieder neu meinem Umfeld, meinem Freundeskreis anzunähern, doch ich passte nicht mehr hinein. Etwas hatte sich verändert: *Ich* hatte mich verändert.

Doch ich wollte nicht in meiner Trauer versinken und die schönen Zeiten mit meinen lebenden Kindern verpassen. So versuchte ich mich zusammenzunehmen, so gut es ging, vorwärtszuschauen, weiterzuleben und das Ganze irgendwie mit mir selbst zu klären. Dies ging so lange einigermaßen gut, bis der innere Druck wieder zu groß wurde. Wenn ich dann ab und zu wieder von Erin sprach, erntete ich immer wieder dieselben Blicke, leichtes Stirnrunzeln und Besorgnis. Dies gab mir das Gefühl, etwas Falsches gesagt zu haben, irgendwie seltsam zu sein.

Manche unserer Freunde erklärten mir, wie schön Erin es jetzt im Himmel habe und dass ich sie eines Tages da wiedersehen würde, dass sie für mich ja nicht verloren sei. Mein Kopf wusste dies zwar auch, doch mein Herz spürte einzig und allein die Wunde in mir. Erin fehlte mir so sehr. Für mich hörten und fühlten sich die „tröstenden" Worte immer an wie: „Was für ein Problem hast du eigentlich? Es ist doch alles gut! Erin hat es viel schöner dort, wo sie jetzt ist, als sie es je bei dir haben könnte. In der Ewigkeit spielt dein Verlust sowieso keine Rolle mehr. Da wirst du sie ja lange genug sehen. Komm jetzt endlich darüber hinweg! Es ist ja nicht so, als hättest du ein Kind verloren, das du schon länger gekannt hast. So schlimm ist das nun auch nicht, das haben schon viele erlebt und sind damit fertiggeworden." Der Schmerz in mir aber wurde nicht weniger und ich fühlte mich immer andersartiger und einsamer.

Es dauerte noch eine ganze Weile, bis ich bereit war, mich meinem Schmerz vor Gott zu stellen. Als ich es dann schließlich tat, erlebte ich eine große Erleichterung. Ich konnte plötzlich wieder aufatmen. Ich schöpfte neue Hoffnung, dass ich vielleicht doch noch einen Platz für Erin in meinem Leben finden konnte, ohne sie verstecken zu müssen. Es war eine Erleichterung, mir vor Gott Zeit nehmen und trauern zu dürfen, den Schmerz zuzulassen und zu durchleben. Zum ersten Mal seit Langem hatte ich das Gefühl, mich wieder selbst zu spüren.

Es hat mich tief berührt zu spüren, dass es für Gott kein Problem ist, wenn ich nach Jahren noch traurig bin. Ich konnte endlich Frieden schließen mit diesem Verlust und ihn als Teil meines Lebens akzeptieren. Es tut mir gut, die Freiheit zu haben, zu diesem Kind auch in der Öffentlichkeit zu stehen. Zu verstehen, dass der Heilungsprozess vielleicht Jahre dauert, hat mir den Druck genommen. Dennoch regt sich immer mal wieder der Anspruch in mir, dass ich doch eigentlich weiter sein sollte, als ich bin.

Beim Betrachten des Sandkorns habe ich auch vieles über mich selbst gelernt und wahrgenommen, was ich vorher nie gesehen habe. Nie im Leben hätte ich gedacht, dass ich eine solche Situation psychisch überhaupt überleben kann.

Nach wie vor ist es oft ein einsames Stückchen Weg. Es fällt mir immer wieder schwer, mit all meinen offenen Fragen einfach vor Gott zu sein und zu akzeptieren, dass diese Fragen ihre Berechtigung haben, dass Gott uns aber nicht alles verrät, was wir gerne wissen möchten. Ich lerne, darauf zu vertrauen, dass Gott mir alles zukommen lässt, was ich brauche.

Ich weiß nicht, wie meine Perle einmal aussehen wird, wenn

sie fertig ist, doch ich sehe bisher schon: Sie ist im Werden! Ich durfte Frieden schließen, weil ich weiß, dass ich unter dem liebenden Blick Gottes meine Daseinsberechtigung habe – mit meinem Sandkorn.

Im Jahr nach unserer Hochzeit übernahmen mein Mann und ich den Bauernhof meines Schwiegervaters. Im selben Jahr wurde unsere Tochter geboren, nach zwei Jahren unser erster Sohn und nach weiteren zwei Jahren unser zweiter Sohn.

Im Alter von sechs Monaten bewegte unsere Tochter plötzlich ihre Beine nicht mehr. Der Kinderarzt schickte uns in die Kinderklinik. Die langwierigen Untersuchungen mündeten in die schreckliche Diagnose: Der halbe Brustkorb unserer kleinen Tochter war voller Tumore, die in die Wirbelsäule hineinwuchsen und den Nerv abdrückten, daher die Lähmung. Sofort wurde mit der Chemotherapie begonnen. Da die Therapie nicht die erhoffte Wirkung brachte, suchten wir anderswo Hilfe. Nach 4 Monaten schließlich fanden die Ärzte keinen aktiven Tumor mehr. Auch der Nerv hatte sich wieder erholt.

Mit 13 Monaten lernte unsere Tochter gehen. Doch durch den Tumor waren einige Wirbel nicht durchblutet worden, was zu einer Skoliose geführt hatte. Die Ärzte sagten uns, dass sie irgendwann die Brustwirbel versteifen müssten, damit durch das einseitige Wachstum der Wirbel der Nerv nicht abgeknickt würde.

Während der Schwangerschaft mit unserem dritten Kind bemerkte ich bei mir selbst Lähmungserscheinungen. Im sechsten Monat stellten die Ärzte die Diagnose „Multiple Sklerose" fest. Voller Angst überlegten wir, wie es nun weitergehen sollte mit der Arbeit auf dem Hof und mit den Kindern. Die Schwangerschaft und die Geburt verliefen gut. Ich hatte etwas Beschwerden beim Gehen, was sich aber nach einigen Monaten wieder normalisierte. Doch die Gefühlsstörungen an der linken Körperhälfte blieben und traten während der nächsten Jahre am ganzen Körper auf. Zunächst jedoch konnte ich noch überall auf dem Hof mithelfen.

Während all der Jahre suchten wir verzweifelt Hilfe in der Alternativmedizin und in der Homöopathie, doch das alles verursachte nur Kosten und half nicht wirklich!

Als unsere Tochter neun Jahre alt war, zeigten die Untersuchungen, dass das Versteifen der Wirbel nun nötig wurde. Ohne diesen Eingriff riskierten wir, dass der Nerv plötzlich abgedrückt wurde und sie gelähmt war. Was sollten wir tun? Wir konnten nicht anders, als Ja zu sagen und dem Arzt zu vertrauen. Nach der achtstündigen Operation bewegte unser Kind die Beine auf Ermutigung des Arztes hin. Uns war ein Stein vom Herz gefallen. Doch in der Nacht konnte unsere Tochter ihre Beine auf einmal nicht mehr bewegen. Die Ärzte hatten den Verdacht, dass eine Blutung den Nerv abdrückte. Sie operierten nochmals mehrere Stunden, leider ohne Erfolg. Auch am nächsten Tag wurde wegen Verdacht auf eine zu starke Spannung des Nervs nochmals operiert. Doch auch das brachte keine Besserung. Unsere Tochter war nun von der Brust abwärts gelähmt. Warum, warum?

Während der dritten OP riss sich unser älterer Sohn auch noch an der Türklinke den Mund auf. Mein Mann musste mit ihm sofort ins Krankenhaus, um die komplizierte Wunde nähen zu lassen, während ich bei der Tochter blieb. Am nächsten Tag wollte mein Mann gerade zu uns fahren, als auf der Autobahn plötzlich der Keilriemen riss. Er stieg aus und war drauf und dran, die Autobahn zu Fuß zu überqueren. Es war ihm alles egal, er sah keinen Sinn mehr. Glücklicherweise kam die Polizei innerhalb kürzester Zeit und half. Bis das Auto abgeschleppt war und das Bürokratische erledigt war, musste er wieder in den Stall, um sich um das Vieh zu kümmern, und konnte uns nicht mehr besuchen. Wie sollte das alles bloß weitergehen? Wir sahen nur noch schwarz.

Nach zehn Tagen wurde unsere Tochter ins Schweizerische Paraplegikerzentrum verlegt. Zu Hause waren schon die ersten Leute da, um unser Haus rollstuhlgerecht umzubauen. Wir funktionierten nur noch.

Mein Mann und ich lebten uns in dieser Zeit sehr auseinander – durch das Umbauen, Arbeiten auf dem Hof, die Klinikaufenthalte unserer Tochter und ihre Pflege zu Hause. Inmitten all dieser Aufgaben blieb für uns beide keine Zeit mehr.

Zwei Monate später veranstaltete unsere Kirchengemeinde eine Evangelisationswoche mit dem Thema: „Gott, warum das?" In unserer Situation interessierte mich das sehr und ich besuchte sie fast jeden Abend. Ich hatte die Möglichkeit, mich für einen Hauskreis anzumelden, tat es aber nicht. Zwei Monate später rief mich eine Kollegin an und sagte, sie hätten einen Gesprächskreis, das wäre doch etwas für mich. Seither besuche ich diese Gruppe.

Zwei Jahre später kam wieder vieles zusammen: Unser älterer Sohn musste sich im Krankenhaus eine Wunde nähen lassen. Kurz darauf brach sich unsere Tochter den Oberschenkel und nach einem weiteren Monat verletzte unser jüngster Sohn bei einem Sturz sein Knie sehr stark. Dies alles löste bei mir einen schweren MS-Schub aus und ich konnte nur sehr schlecht gehen. Die häusliche Krankenpflege musste sich nun um unsere Tochter kümmern. Die Ärztin organisierte eine Therapie für mich. Doch die Krankenkasse meldete, dass sie die Therapie nicht übernehmen würde. Da jedoch schon alles organisiert war, was die Pflege unserer Tochter und den Haushalt betraf, suchte ich etwas anderes. In einer christlichen Zeitschrift fand ich ein günstiges Angebot, um mich zu erholen. In dem Freizeitheim hatte ich jeden Abend die Möglichkeit, die Andacht eines Pfarrers zu hören. Er sagte dabei deutlich: Es gibt nur zwei Wege, einer mit Jesus und einer ohne Jesus. Mir wurde bewusst, dass ich zwar krank war und nicht mehr alles tun konnte, aber ich konnte mich für Jesus entscheiden. Das war für mich sehr wohltuend. Ich fühlte mich gerettet. Auch mein Mann wurde von Jesus gerufen. Wir sind nun beide dabei, mit Jesus zusammen an unserer Ehe zu arbeiten.

Mein Inneres sagte mir, dass jedes schwere Erlebnis ein Ruf von Jesus war, nur hatte ich ihn lange nicht gehört. Er aber hatte Geduld. Im täglichen Leben ist Jesus gegenwärtig, bei der Arbeit, bei den Schmerzen, bei der Trauer und auch in guten Zeiten.

Im Jahr 2004 erkundete unsere Tochter mehrere mögliche Berufe – Konstrukteurin, Hochbauzeichnerin, Grafikerin und Kaufmännische Berufsschule. Überall wurde sie wegen ihrer Leistungen gelobt und wir freuten uns auf die Suche nach einer Lehrstelle. Zwei Wochen später jedoch erlitt sie eine Hirnblutung und starb innerhalb weniger Stunden. Jesus stand uns in dieser schweren Zeit bei, wir fühlten uns geborgen. Wir konnten im Krankenhaus mit einem Gebet von unserer Tochter Abschied nehmen.

All diese großen Sandkörner verwandelten sich für uns mit der Zeit in Perlen.

Heute bin ich dankbar für all die schweren Erlebnisse, die Schmerzen, die gesundheitlichen Verluste und vor allem für die Rettung, die ich durch Jesus erleben durfte. Alles hatte seinen Sinn, den wir nicht immer wissen oder verstehen müssen.

PERLENZEIT

Fragen zum persönlichen Nachdenken / Impulse zum Vertiefen

Es könnte mir helfen, diese Perlenzeit zusammen mit einer Vertrauensperson (z. B. Seelsorger/in) zu gestalten.

☞ Welche Schicht Perlmutt ist für mich als Nächstes dran?
Was ist für mich der nächste Schritt?
Was ist für mich das Wichtigste von allem, was ich bisher gelesen habe?

☞ Gott sagt Ja zu mir.
Ich lese die folgenden Sätze und Bibelverse bewusst als persönlichen Zuspruch von Gott an mich durch. Welcher Satz spricht mich am meisten an? Ich schreibe mir den ersten Satz und einen der Bibelverse auf ein Kärtchen (oder in mein Perlenbuch) und lese mir diese täglich durch.

„_____ (ich setze meinen Namen ein), *Gott sagt Ja zu dir; du bist von Gott geliebt! Du bist Gottes Perle!"*
Fürchte dich nicht, ich bin mit dir; hab keine Angst, ich bin dein Gott! (Jesaja 41,10a)

Ich mache dich stark, ich helfe dir auch, ich halte dich durch die rechte Hand meiner Gerechtigkeit. (Jesaja 41,10b)

Denn ich bin der Herr, dein Gott, der deine rechte Hand fasst und zu dir spricht: Fürchte dich nicht, ich helfe dir! (Jesaja 41,13)

Fürchte dich nicht, denn ich habe dich erlöst; ich habe dich bei deinem Namen gerufen; du bist mein! (Jesaja 43,1)

Du bist in meinen Augen so wert geachtet und auch herrlich und ich habe dich lieb! (Jesaja 43,4)

Fürchte dich nicht, denn ich bin bei dir! (Jesaja 43,5)

Der Herr hat dich gemacht und bereitet und steht dir bei von Mutterleibe an: Fürchte dich nicht! (Jesaja 44,2)

Ich vergesse dich nicht! (Jesaja 49,15)

Siehe, in meine beiden Handflächen habe ich dich eingezeichnet, spricht der Herr! (Jesaja 49,16)

☞ Altes loslassen – Neues empfangen.
Ich bin nun zu einem kleinen Ritual eingeladen. Es geht darum, dass ich konkret loslasse, dass ich mein Sandkorn, meinen Schmerzpunkt Gott anvertraue und diesen symbolisch an einem bestimmten Ort ablege.

Ich suche mir einen Stein, der mein Sandkorn symbolisiert. Vielleicht lege ich diesen Stein erst einmal an einen bestimmten Ort und schaue ihn immer wieder an. Ich werde mir seiner Größe und

Form, seiner Ecken und Kanten bewusst. Wenn ich innerlich so weit bin, bringe ich diesen Stein an einen Ort, wo ich ihn loslassen kann: Ich lege ihn an ein Kreuz, werfe ihn in ein Gewässer, wickle ihn in meinen Klagebrief an Gott und halte ihn Gott hin – mit all den damit verbundenen Gefühlen, mit aller Wut, mit der tiefen Traurigkeit und Enttäuschung. Bei Gott ist mein Sandkorn am besten aufgehoben.

Das ist keine billige Vertröstung, sondern ich wende mich mit meiner Not an Gott – so haben es schon unzählige Menschen vor mir getan (vgl. z. B. die Psalmen).

Dann bin ich eingeladen, eine Kerze anzuzünden und vor Gott meine Sehnsucht auszudrücken, sei dies in meinem Herzen oder laut: „Ich wünsche mir für mein Sandkorn / für meine Perle ...“

Dann mache ich mir folgende Worte bewusst:

„_____ (ich setze meinen Namen ein), *du bist Gottes Perle! Gott schenke dir das Perlmutt, das du brauchst, damit seine Perle in dir wachsen kann!“*

Welche Verheißung, welcher Zuspruch, welcher Segen aus den folgenden Bibelversen spricht mein Herz an? Ich suche mir einen aus und bitte jemanden, mir diesen zuzusprechen. Oder ich formuliere ihn als Bitte an Gott und lasse mich von ihm selbst segnen (Wie es Jakob von Gott erbeten hatte: *„Ich lasse dich nicht, du segnest mich denn!“* 1. Mose 32,27):

Gott, der da ist, sagt: Ich bin der Herr, dein Arzt. (2. Mose 15,26b)
Gott berühre dich und helfe dir in deinen Schmerzen, so wie es kein Arzt und kein Medikament tun kann.

Denn ich weiß wohl, was ich für Gedanken über dich habe, spricht der Herr: Gedanken des Friedens und nicht des Leides, dass ich dir gebe Zukunft und Hoffnung. (Jeremia 29,11)
Gott sei die Antwort auf deine Fragen und die Hoffnung in allem Nicht-Verstehen.

Gott, der da ist, sagt: Ich habe deine Tränen gesehen. (Jesaja 38,5)
Gott tröste und umarme dich und gebe dir, was du brauchst!
Die mit Tränen säen, werden mit Freuden ernten. Sie gehen hin und weinen und streuen ihren Samen und kommen mit Freuden und bringen ihre Garben. (Psalm 126,5.6)
Gott sei dein Trost, deine Kraft, deine Hilfe.

Jesus spricht: Deine Traurigkeit soll in Freude verwandelt werden ... dein Herz soll sich freuen und deine Freude soll niemand von dir nehmen. (nach Johannes 16,20b.22b)
Gott fülle dich mit Lebensmut, mit Lebenskraft und mit Lebensfreude!

Diene dem Herrn mit Freuden! Komm vor sein Angesicht mit Jubel! (Psalm 100,2)
Gott erneuere die Freude in dir, für ihn zu wirken, und beschenke dich im Überfluss!

So spricht der Herr: Ich werde dich niemals vergessen. Siehe, in meine beiden Handflächen habe ich dich eingezeichnet. (Jesaja 49,15.16)
Mögest du nie vergessen, dass Gott an dich denkt und dass du einen Platz in seinen Händen und in seinem Herzen hast!

Gott ist es, der in dir beides wirkt, das Wollen und das Vollbringen. Gott gibt dir nicht nur den guten Willen, sondern er selbst arbeitet an dir. (nach Philipper 2,13)
Gott schenke dir das Wollen, das Tun, das Gelingen und Lebensfreude. Er fülle all deinen Mangel mit seinem Reichtum aus!

Gott, der Herr, der da ist, sagt: Du bist in meinen Augen so wert geachtet und auch herrlich, und ich habe dich lieb! Fürchte dich nicht, denn ich bin bei dir! (Jesaja 43,4.5)
Gott zeige dir jeden Tag, wie wertvoll du für ihn bist!

So spricht Gott, der Herr, der bei dir ist: Wenn du durch Wasser gehst, will ich bei dir sein, dass dich die Ströme nicht ersäufen sollen; und wenn du ins Feuer gehst, sollst du nicht brennen, und die Flamme soll dich nicht versengen. Denn ich bin ... dein Heiland. (Jesaja 43,2.3)
Gott trage dich als Gesegnete durch alles, was dir begegnet.

Und Gott wird abwischen alle Tränen von ihren Augen, und der Tod wird nicht mehr sein, noch Leid noch Geschrei noch Schmerz wird mehr sein; denn das Erste ist vergangen. Und der auf dem Thron saß, sprach: Siehe, ich mache alles neu! (Offenbarung 21,4.5)
Gott verwandle alles Leiden, alle Schmerzen und alle Tränen in deinem Leben in Edelsteine.

Gott, der Herr, ist nahe denen, die verzweifelt und zerbrochenen Herzens sind, und er hilft denen, die ein zerschlagenes Gemüt, die keinen Mut mehr haben. (nach Psalm 34,19)
Gott lasse dich erleben, dass er bei dir ist, und dass er dir hilft.

Gott sagt: Denn ich bin der Herr, dein Gott, der deine rechte Hand fasst und zu dir spricht: Fürchte dich nicht, ich helfe dir! (Jesaja 41,13).
Gott sei dir nahe und fülle dich mit Hoffnung und Mut!

Gott gibt dem Müden Kraft und Stärke genug dem Unvermögenden. Die auf den Herrn hoffen, gewinnen neue Kraft! (Jesaja 40,29.31)
Gott richte dich auf, schenke dir neuen Mut und Kraft in aller Müdigkeit, in aller Schwachheit, in allem Unvermögen.

Du bist von Gott geliebt! (Daniel 9,23)
Gott zeige dir seine bedingungslose Liebe, er beschenke dich mit seiner Wertschätzung, mit seiner Annahme und mit seinem JA!

Ich suche mir den Vers heraus, der mich am meisten anspricht.

Ein Perlenweg

Über ihren Perlenweg schreibt eine Frau:

Eine Entdeckungsreise hat begonnen. Ich darf mich neu kennenlernen, denn das Sandkorn verändert die Muschel selbst auch.

Der Gedanke, dass die Muschel bereits alles in sich trägt, um die Perle wachsen zu lassen, war zunächst etwas seltsam für mich. Ich konnte mir beim besten Willen nicht vorstellen, dass in mir Perlmutt versteckt ist, dass ich Stärken, Ressourcen und Möglichkeiten habe, um mit großen Schwierigkeiten umzugehen. Dennoch habe ich mich auf diese Reise eingelassen. Dabei entdeckte ich, dass tief in mir ein Funken Hoffnung geblieben ist, dass es mir möglich ist, Gott zu vertrauen, dass mir alles zu meinem Besten dienen wird. Tief in mir drin fand ich eine Gewissheit, eine feste Überzeugung, dass Gott bei mir ist und ich nicht verloren bin, dass er mein Innerstes kennt und erhält, dass er um meine Schmerzen weiß und alles verwandeln kann. Ich habe entdeckt, dass es mir trotz tiefem Schmerz noch möglich ist, auch kleine Dinge wahrzunehmen, versteckte Schönheit zu erkennen und mich davon ermutigen zu lassen. Ich habe die Hoffnung nicht verloren, dass dieser Schmerz irgendwann durchlebt sein wird. Dies gibt mir neuen Mut und neue Kraft, um wieder eine dünne Schicht Perlmutt um meine kleine Perle zu legen. Ich durfte aus dem Beispiel der Muschel lernen, mich selbst mit dem Sandkorn als wertvoll zu erkennen, egal wie es mir gerade geht. Jede Schicht Perlmutt ist ein kleiner Teil der Perle.

Zu wissen, dass jede Perle einzigartig und wunderschön ist, gibt mir Hoffnung, dass aus meinem Schmerz doch noch etwas Schönes entstehen kann, auch wenn ich es jetzt noch nicht sehe.

Eine Sandkorngeschichte

Durch Schmerz zu neuem Leben!
Schon früh in meinem Leben haben sich Türen geöffnet. Ich

durfte in einem guten Elternhaus aufwachsen. Meine Adoptiveltern haben mich als zweieinhalbjähriges Kind liebevoll aufgenommen.

Zusammen mit einem gleichaltrigen Bruder – auch er war ein Adoptivkind – durfte ich eine schöne Kindheit erleben. Meine Herkunft hat mich ehrlich gesagt nie interessiert. Unsere Adoptiveltern haben uns geliebt, uns vieles ermöglicht, so auch eine gute Ausbildung.

Nach meiner Heirat war unsere Ehe viele Jahre kinderlos. Ich nutzte die Zeit, um mich weiterzubilden. Gute Jobs und viele Reisen bereicherten mein Leben. Doch der Wunsch nach einem Kind war immer da. Endlich, nach neun Ehejahren, geschah für uns ein großes Wunder: wir durften die Geburt eines gesunden Mädchens erleben. Die unbeschreibliche Freude an diesem Kind überdeckte die großen Komplikationen während und nach der Geburt. Nach drei Jahren wurde unser Familienglück, durch die Geburt unseres zweiten Kindes komplett. Diesmal war die Not um meine Gesundheit noch viel größer, doch langsam durfte ich genesen und die Mutterfreuden voll genießen. Die beiden Kinder Sandra und Reto waren unsere Freude.

Jahr für Jahr freuten wir uns auf die Winterferien. Skifahren war unser großes Hobby und wie jeden Winter verbrachten wir auch im Jahr 1989 unsere Familienferien im Schnee. Doch in diesem Winter wurde von einer Minute auf die andere alles anders. Sandra ist bei einem Skiunfall gestorben. Unser geliebtes Kind war zwölf Jahre alt, als ihr junges Leben ein jähes Ende fand.

Das Unbegreifliche, die schreckliche Tatsache vom Tod unseres Kindes kann ich kaum in Worte fassen. Mein Lebensmut, die Lebensfreude, alles war mit einem Schlag vernichtet. Alles war zerstört. Mein Leben erschien mir sinnlos, ich war vor Schmerz in einem Schockzustand. Um mich herum gab es nur noch tiefe Nacht. Meinen Mann und meinen Sohn nahm ich kaum noch wahr, nichts funktionierte mehr. Ein Stück meines Herzens war herausgerissen, so fühlte sich mein Schmerz an. Quälende Fragen verfolgten mich. Ist der Tod wirklich das Ende? Das kann und darf nicht das Ende sein! Warum, warum nur musste unser Kind sterben? Alles in mir wehrte sich gegen das schreckliche Geschehen, bildlich gesprochen, gegen das „Sandkorn" in meinem Inneren. Meine Trauer und meine Tränen waren unendlich. Mein verletztes Herz rief um Hilfe. Ich schrie nach einem Gott, von dem ich nicht wusste, ob es ihn gab oder nicht.

Menschen kamen und versuchten uns zu trösten, was ich ihnen nie vergessen werde. Doch was können Menschenworte in einer solchen Situation ausrichten? Hilfsangebote verschiedener Art wurden an uns herangetragen, doch in meinem Inneren wusste ich: Das war nicht die Hilfe, die ich suchte.

Unser damaliger Pfarrer im Dorf begleitete uns mitfühlend. Sandra hatte bei ihm den schulischen Religionsunterricht besucht. Viele Fragen beantwortete er uns, doch mein Fragen nahm kein Ende. Ich begann, nach Antworten in der Bibel zu suchen. Die Bibel war für mich bisher ein unbekanntes Buch gewesen, aber ich erwartete, darin Antworten auf die Frage nach dem Sinn des Lebens zu finden. Vor allem auf die Frage, was nach dem Tod kommt. Wo ist mein Kind bloß? Gott hörte meinen Herzensschrei und wurde mir zum Rettungsanker. Ich durfte Jesus als Sohn Gottes erkennen, als den Heiler meines verletzten Herzens. In der Bibel las ich vom ewigen Leben bei Gott. Und durch einen Traum schenkte mir Gott die Gewissheit: Mein Kind ist bei ihm.

Wenn der Schmerz und die Traurigkeit mich wieder einmal überwältigten, griff ich zur Bibel. Das Wort Gottes wurde lebendig für mich. *„Das geknickte Rohr zerbricht er nicht, den glimmenden Docht löscht er nicht aus."* (Matthäus 12,20). Wenn das keine Zusage für mich persönlich ist! Gottes spürbare Liebe begann meinen Schmerz, mein Sandkorn, zu ummanteln. Und immer wieder durfte ich seine Güte und Geduld erfahren „... *und Gott wird abwischen alle Tränen von ihren Augen."* (Offenbarung 7,17), auch dieses Versprechen hat mich immer wieder aufgerichtet.

Viele Menschen haben in dieser schrecklichen Zeit für uns gebetet und heute weiß ich: Gott hat diese Gebete erhört. Ich habe meine Lebensquelle gefunden und aufgehört, meine eigene Zisterne zu graben.

Doch einen Dank an Gott brachte ich nicht über meine Lippen.

Das habe ich ihm auch gesagt. Wie sollte ich ihm danken, wenn er es zugelassen hatte, dass mein Kind starb.

Gott ist gnädig und geduldig. Eines Nachts erwachte ich aus dem Schlaf und ein Gedanke durchfuhr mich: Ich habe ja noch einen Sohn! Ich dankte Gott für das Leben dieses Kindes.

Mit diesem Dank an Gott begann ich wieder zu leben, meine Lieben an meiner Seite, meinen Mann und unseren Sohn zu spüren. Allmählich kam wieder Licht und Dankbarkeit in mein Leben. Auch Dankbarkeit gegenüber meinem großen Gott, dessen Liebe Wunder wirkt, dessen Liebe mich durchgetragen hat und immer tragen wird.

Er hat mein Sandkorn behutsam ummantelt und der Glaube, die Hoffnung und Gottes Liebe wurden zu meiner Perle.

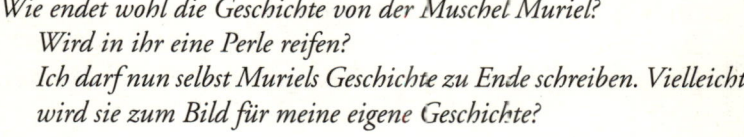

MUSCHELGESCHICHTE – Teil 5

Wie endet wohl die Geschichte von der Muschel Muriel?
Wird in ihr eine Perle reifen?
Ich darf nun selbst Muriels Geschichte zu Ende schreiben. Vielleicht wird sie zum Bild für meine eigene Geschichte?

Nach und nach wurde es heller um und in Muriel ...

 RÜCKBLICK PERLENZEITEN

☞ Welche Perle(n) habe ich bei mir entdeckt?

☞ Welche Perle(n) nehme ich für mich mit?

☞ Welche Perle(n) wünsche ich mir noch?

MEIN GOTT,
ich brauche
deinen Trost, deine Hilfe,
dein Perlmutt,
dich
und den Mut,
mein Perlmutt zu gebrauchen,
damit deine Perle
in mir werden
und wachsen kann.
Amen.

Ein weiteres Buch von Sabine Herold

Leicht wie ein Schmetterling
Evas Weg aus der Magersucht
ISBN 978-3-86122-960-5
256 Seiten, kartoniert

Kann es härtere Gesetze geben als die, nach denen Eva lebt? Perfekt muss sie sein, ihr Körper, ihre Schulnoten, ihre Beziehungen und ihr Verhältnis zu Gott. Und ihr ausgemergelter Körper ist ihr Beweis genug, dass sie alles im Griff hat. Dabei steckt sie selbst längst fest im eisenharten Griff jener Krankheit, die weltweit Menschen versklavt, der Magersucht. Dieses autobiografisch geprägte Buch ist eine Reise durch die Gefühls- und Gedankenwelt eines Menschen mit Essstörungen. Bewegend, authentisch und nachvollziehbar schildert es, wie ein Mädchen den Weg aus der Sucht findet.

Neubearbeitete und ergänzte Ausgabe von „Der Kilokrampf".

Weitere Ratgeber von FRANCKE

Irene Hahn
Du bist - und das genügt
Wie Gottes Wertschätzung unser Leben verändert
ISBN 978-3-86827-163-8
112 Seiten, kartoniert

Wertschätzung ist das Band, das Menschen verbindet. Wo sie fehlt, wird es kalt und ungemütlich. Wie aufbauend fühlt sich doch ein Wort der Bestätigung und des Wohlwollens an! Trotzdem fällt es vielen Menschen schwer, anderen gegenüber Wertschätzung auszudrücken.

Dass unser Wert zutiefst von Gott kommt und wie wir ihn anderen gegenüber ausdrücken können, darum geht es in diesem Buch. Es macht Mut, sich selbst und andere zu mögen. Das kann in unterschiedlicher Form geschehen, aber immer so, dass wir aufatmen und erleben: Ich bin – und das genügt!

Martin Grabe
Lebenskunst Vergebung
Befreiender Umgang mit Verletzungen
ISBN 978-3-86122-962-9
192 Seiten, gebunden

Kaum etwas kann befreiender sein als richtig verstandene Vergebung. Wer von anderen Menschen verletzt wird, gerät leicht in einen Kreislauf negativer Gedanken hinein. Das kann ihm auf Dauer
größeren Schaden zufügen als das eigentliche Unrecht.
Dieses Buch zeigt ganz praktisch, wie es einem Betroffenen gelingt,
mit Verletzungen umzugehen und sie loszulassen. Die geschilder-
ten Wege der Vergebung haben sich in Psychotherapie und Seelsorge vielfach bewährt.

Ein Handbuch für Betroffene, Therapeuten und Seelsorger.

Gary Chapman / Jennifer Thomas
Die fünf Sprachen des Verzeihens
Die Kunst, wieder zueinander zu finden
ISBN 978-3-86827-134-8
288 Seiten, Paperback

„Wie oft soll ich denn noch sagen, dass es mir leidtut?"

Jeder macht mal einen Fehler. Doch manchmal reicht ein „Tschuldigung" als Reaktion nicht aus. Unsere Beziehungen werden umso stabiler, je konsequenter wir bereit sind, um Vergebung zu ringen. Fünf verschiedene Sprachen stehen uns dafür zur Verfügung – heilende Worte und praktische Taten, die neue Brücken schlagen in das verwundete Herz unseres Gegenübers:
Doch wie kommt meine Entschuldigung beim anderen auch wirklich an? Indem ich mein Bedauern ausdrücke, Schuld eingestehe, Wiedergutmachung anbiete, Besserung gelobe oder Vergebung erbitte? Entdecken und sagen Sie den Satz, auf den der andere so sehr wartet.
Mithilfe dieses Buches wird sich Ihr Wortschatz rapide erweitern!

Jörg Berger
Lebenziel Berufung
Den eigenen Weg finden in einer
Welt der Beliebigkeit
ISBN 978-3-86122-812-7
128 Seiten, gebunden

Berufung – ein etwas sperriger Begriff, dessen Perspektive und Bedeutung uns häufig verloren gegangen ist. Wie finde ich eine Lebensform, die meinem Wesen entspricht? Wofür soll ich mein Leben einsetzen? Mit anderen Worten: Was ist meine Berufung?
Auf die Frage nach dem „Wie" gibt der Autor praktische Antworten, die sich nicht nur in der Psychotherapie bewährt haben. Auf die existenzielle Frage nach dem „Wofür" bietet die Bibel Lösungen, die zu einem frohen, schöpferischen und einsatzbereiten Leben freisetzen.
Dieses Buch kann einem Leben neue Richtung geben.

Mit Illustrationen von Marion Schowalter.

Charles David Baker
101 Durstlöscher für die Seele
ISBN 978-3-86827-345-8
208 Seiten, gebunden, vierfarbig

„Die meisten von uns haben nicht in Gottes Gärten getanzt oder mit Jesus von Herzen gelacht. Aus dem einfachen Grund, weil uns niemand gezeigt hat, wie das geht. Wir haben uns nicht in Gottes gütiger Gegenwart erholt oder den Überfluss genossen, den er uns schenken will." (C.D. Baker)

Die 101 Impulse in diesem Buch sind wie frisches Wasser für die Seele. Sie beleben, erfrischen und kräftigen. Sie machen Mut, einen ehrlichen Blick auf unseren Weg mit Gott zu werfen und laden zu einem befreiten Christsein ein. Einem Christsein, das von einer tiefen Freude, Liebe zu Gott und Liebe zueinander geprägt ist. Das nicht auf die eigene Leistung baut, sondern allein auf Gottes Gnade. Das übersprudelt vor Lebendigkeit, weil Gott uns alles gegeben hat, was wir zum Leben brauchen, und unseren Durst löscht. Schluck für Schluck.

Max Lucado
Limonadenrezepte für Zitronentage
Jeder Tag verdient seine Chance
ISBN 978-3-86827-032-7
128 Seiten, Paperback

Stellen Sie sich vor, Sie stecken knietief im Schlamassel des Alltags und alles läuft schief. Dann stehen Sie vor einer wichtigen Entscheidung. Entweder ist der Tag für Sie gelaufen, oder Sie schütteln alles ab und starten neu. Entscheiden Sie sich dazu, diesem Zitronentag noch eine Chance zu geben! Halten Sie nicht einfach nur durch, sondern gestalten Sie. Und wissen Sie was? Aus 24 guten Stunden wird ein gelungener Tag, aus 7 gelungenen Tagen eine mehr als erträgliche Woche und aus mehr als erträglichen Wochen werden angenehme Monate. Uns den Herausforderungen eines neuen Tages zu stellen und unser Leben aktiv zu gestalten – dazu fordert uns Lucado mit diesem Buch heraus. Mit praktischen Tipps zeigt er, wie wir aus den Zitronen, die das Leben uns gibt, Limonade machen können.

Ka'egso Hery
Tränen in Gottes Hand
ISBN 978-3-86827-340-3
176 Seiten, gebunden

Als Ka'egso Hery seine Frau Christiane, Mutter von zwei Kindern, auf einem Indianerfriedhof in Brasilien beerdigen muss, zerplatzt der Traum von der gemeinsamen Arbeit in Südamerika wie eine Seifenblase und die Frage nach einem liebenden Gott und Vater wird laut.

In Briefen und Texten schreibt sich der junge Vater und Missionar seine Trauer und seinen Schmerz von der Seele. Ehrlich und schonungslos kommen die Gefühle eines Menschen zum Vorschein, dessen Welt ihre Farben, ihren Geschmack und ihren Sinn verloren hat.

Dieses Buch entstand mitten in den dunklen Stunden des Schmerzes. Es ist das authentische Zeugnis eines Menschen, der mit Gott ringt und nach Antworten sucht. Und der das Licht am Ende des Tunnels sehen darf, als Gott ihm eine Frau zur Seite stellt, die seinen zwei Kindern eine liebevolle Mutter und ihm eine neue Partnerin ist.

Ein bewegendes Lebensschicksal.